黄榦

（1152—1221）

“福建历史文化名人丛书”编委会

福建历史文化名人丛书
福建省社会科学界联合会 编

黄榦

朱子学第一传人

路 漫 编著

海峡出版发行集团 THE STRAITS PUBLISHING & DISTRIBUTING GROUP | 福建人民出版社 FUJIAN PEOPLE'S PUBLISHING HOUSE

图书在版编目（CIP）数据

黄榦：朱子学第一传人/路漫编著．--福州：福建人民出版社，2017.2（2020.11重印）

（福建历史文化名人丛书）

ISBN 978-7-211-07573-7

Ⅰ．①黄…　Ⅱ．①路…　Ⅲ．①黄榦（1152-1221）—生平事迹　Ⅳ．①B244.99

中国版本图书馆CIP数据核字（2017）第025067号

黄榦

HUANGGAN

——朱子学第一传人

作　　者：路　漫

责任编辑：何水儿

出版发行：福建人民出版社　　**电　　话：**0591-87533169(发行部)

网　　址：http://www.fjpph.com　　**电子邮箱：**fjpph7211@126.com

地　　址：福州市东水路76号　　**邮　　编：**350001

经　　销：福建新华发行（集团）有限责任公司

印　　刷：福建省金盾彩色印刷有限公司

地　　址：福州市金山浦上工业区D区24幢

开　　本：700毫米×1000毫米　1/16

印　　张：9.25

字　　数：103千字

版　　次：2017年2月第1版　　2020年11月第3次印刷

书　　号：ISBN 978-7-211-07573-7

定　　价：25.00元

总 序

李 红

社会科学承载着“认识世界、传承文明、创新理论、咨政育人、服务社会”的重要功能，是人类赖以传承的精神支柱。近年来，福建省各级各部门认真贯彻《福建省社会科学普及条例》，社会科学普及工作扎实开展、稳步推进，通过举办全省社科普及宣传周、建立社科普及基地、开办社科普及讲坛等社科普及咨询平台载体，其制度化、常态化、大众化工作取得了明显成效。

习近平总书记指出，文化是民族生存和发展的重要力量，中华优秀传统文化已经成为中华民族的基因，植根在中国人内心，潜移默化地影响着中国人的思维方式和行为方式。福建文化是中华文化中极富特色的一部分，深度融入了中国文化的进程，展现出突破陈规、积极进取、兼容并包、锐意创新的胸襟和气魄。向大众传播福建优秀的历史文化知识，是福建省社科普及工作的重要内容。以接福建地气、讲福建故事、塑福建形象、续福建文脉的姿态编辑出版的“福建历史文化名人丛书”，既较为全面地展示了福建文化深厚的历史底蕴和丰富的人文精神，也为福建当下的社会文化建设提供了有益的资鉴。“福建历史文化名人丛书”所包含的朱熹、林则徐、严复、陈嘉庚等人物传记，记录了福建文化之于中国历史的影响，同时也以人物史的叙述方式生动地展现出中国人文精神的风骨和传统文化的传承。

今天，我们提倡和弘扬社会主义核心价值观，必须从中华优秀传统文化中汲取丰富营养，否则就会缺乏生命力和影响力。“福建历史文化名人丛书”记录了福建历史文化人物的价值观践行轨迹，重温了这批福建历史文化乃至中国历史文化史上重要人物的生命历程，以浅显晓畅、通俗易懂的叙述方式讲述了中华优秀传统文化传承的当代意义，开辟了社会科学知识进入千家万户的新路子。

“最忆市桥灯火静，巷南巷北读书声。”一套好的社会科学普及丛书，总是能带动起读书的风气。将学习作为一种追求、爱好和健康的生活方式，也是“福建历史文化名人丛书”所期望实现的目标。在文字中领略福建地域文化魅力，在阅读中传承传统文化养分，在感悟中提升人文道德情操，社会科学普及丛书的出版，可谓正当其时。

（作者系福建省人民政府原副省长，福建省政协原副主席）

目　录

引 子

黄榦是宋代著名理学家，他为朱子学的形成和发展，为朱子学在当时思想界主导地位的确立做出了不可磨灭的贡献。

这些贡献，首先表现在黄榦作为朱熹的弟子和助手，为朱子学的形成做了大量工作。在朱熹众多弟子中，黄榦与朱熹关系最为亲密。他追随朱熹二十余年，直到朱熹逝世，始终刻苦学习，深得朱熹的喜爱与器重，称“吾与之处甚有益”，并将爱女许配给他为妻。朱熹与黄榦经常在一起研究学问，纂集考订，让黄榦处理学术事务，并“代即讲席”。朱熹在临终前，将所著之书稿授予黄榦，手书与之诀：“吾道之托在此，吾无憾矣。”其次是确立了朱子及朱子学在思想文化上的地位。朱熹目睹国家分裂、民族灾难深重、南宋偏安江南、朝廷腐败、社会危机四伏，出于强烈的爱国情怀和责任感，进行了艰苦的

道统斯托

理念创新，创立了朱子学。然而朱熹的学说为当时执政者所不容，被诬为“伪学”，朱熹及学子们遭到强权迫害。黄榦作为朱熹逝世后的“领袖朱门”，直面危艰，不畏强权，以极大的毅力和勇气，坚决捍卫朱子学。他撰写文章，四处讲学，宣扬朱子思想。他殚精竭虑，写成著名的《朱文公行状》，全面评价朱熹及其思想，论定朱熹“绍道统，立人极，为万世宗师”的道统地位。再次是继承、发展、传播朱子学。黄榦不仅秉承师学，还在“有体有用”“认识论”等方面创新发展。他以弘扬朱子学为己任，创建书院，授徒讲学。他也与他的老师朱熹一样，是到书院授课最多的学者之一。即使在地方任上，他也常常白天处理公务，晚上到书院讲论经史。他培养了大批学子，为朱子学在全国，特别是在北方的传播起到了重要的“桥梁”作用。

黄榦为官时间不长，但他努力实践了朱熹的政治思想和主张。他反对南宋政权的屈膝求和，主张抗金。他在任上筑城巡防，招募兵民，成功地击败了金兵入侵。他公平正直，治理荒政，平抑粮价，宽以征敛，深得民众爱戴。

宋大儒毓秀故里

第一章

清廉一脉，儒林门第

黄榦出生于立身清白的官宦书香之家，从小就聪敏机智，“戒惧谨独，不待勉强，不假思索，只是一念之间，此意便在”。

天资聪颖黄家子

董奉山，又名福山，海拔近600米。唐代李吉甫在《元和郡县志》中说福州是“因州西北有福山，故名”。到了宋代，晋江状元梁克家编撰的福州第一部地方志《三山志》更有“唐开元十三年（725年），闽州改为福州都督府……或曰以董奉福山名”之说。清乾隆版《福州府志》注：“福山今名董奉山，属长乐县。”福州有谚语：“一旗二鼓三董奉。”就其于福州地理位置和作用，称之为“福山”名副其实。

三国时期，山下出了个名叫董奉的郎中，他天资聪颖，精研医术，先后在福山和江西庐山等地行医施药。他医德高尚，为人治病分文不取，只要患者病愈后在山上植杏，轻者植杏一株，重者植杏五株，久而成俗。杏熟后，董奉在树下作草仓，以杏换谷，赈救贫穷，供给行旅。病人和穷人都非常感

黄榦故里图

激他，送与“杏林春暖”的匾额，并尊其为“杏林始祖”，祀为医仙，与华佗、张仲景并称“建安三神医”，福山也因之易名董奉山，“杏林”也因之成为中医学界的代称。

在这里必须提到的是，董奉山与本书传主的关系最为密切。现摘录文肃公（黄榦，号勉斋）家谱《宋儒梓里图志》中一段记录：

> 宋儒梓里，在长乐县十一都。
>
> 董奉山，上有董仙遗迹，下为青山村，文肃公之故里也。古属廉风里，地距长乐古县七里许。后唐时入闽三世祖宾公尝宰斯邑，爱其风清幽，因家焉。九世祖诏公徙居闽县（今福州）城东同庆寺之侧，遂分城东一族，为闽县派；青山一族，为长乐派。迨十二世祖南仲公七试礼部不偶返居青山村。十三世祖御史公瑀，尚往来其间（按《福建通志》，黄瑀故宅在青山下），迨十四世祖文肃公榦生六岁始居同庆，绍熙间，复居青山，其讲处，曰竹林精舍，朱子所为，墨迹尚存谱中。村中有紫阳井，乃朱子所择，因为名。康熙三十年于故宅毓贤处，建为黄勉斋祠。村后有小阜曰燕山，一名金山。有古榕盘旋其上，有七星岩环其间，今于其下建江夏黄氏宗祠焉。

地处董奉山东麓的青山村，由于地肥土沃，气候宜人，瓜果飘香，四季常青，故得“青山”之美名。清光绪年间（1875—1908），有学者作诗赞曰：

青山发迹勉斋公，上有高峰董奉崇。
丹灶犹存仙迹处，星坛分列祖龛中。
瀑泉魁石三台合，龙井豹岩一脉通。
别有竹林开讲席，完成名胜洞冥濛。

宋大儒勉斋故里

南宋初期，社会出现一派“欢乐祥和”的景象。当时著名词人辛弃疾在《青玉案·元夕》中用“东风夜放花千树，更吹落、星如雨。宝马雕车香满路，凤箫声动，玉壶光转，一夜鱼龙舞。蛾儿雪柳黄金缕，笑语盈盈暗香去”这样的语句，将宋都临安城（今浙江杭州）的元宵夜欢腾与繁华尽收笔下。管中窥豹，时见一斑。

绍兴二十二年（1152年），季夏的一个午夜，青山村万籁俱寂，辛苦了一天的人们早已进入梦乡，只有进士第黄瑀家里，仍然灯火通明。忽然，一声清脆响亮的婴儿啼哭声划破寂静的夜空，又一个新生命降世了！仿佛是要庆幸自己生逢“和平盛世”一样，刚刚出生的婴儿，声音是那么的洪亮，那么的有力。这个婴儿，就是后来为传播理学立下卓著功勋、被称为“朱子学第一传人”的黄榦。

黄榦的父亲黄瑀，字德藻，生于宋徽宗崇宁五年（1106年）。他少年刻苦为学，33岁进士及第，从此步入仕途。黄瑀47岁这年，回乡省亲，妻子叶氏为他生下第四个儿子。想到黄家的家谱又添男丁，夫妇俩乐得合不拢嘴。高兴之余，黄瑀给新生儿取名为“榦”，字“直卿”，期望这孩子将来能青云直上，建功立业，光宗耀祖。

黄家祖先黄膺是河南固始人，唐光启元年（885年）随王审知入闽。筚路蓝缕，以启山林，经过几代人的努力，家族日益兴旺发达。黄膺的长房长孙黄宾，太学生出身，五代闽国任长乐县令，致仕后定居董奉山之麓青山村，世代繁衍生息。宋代理学家蔡元定（1135—1198）于绍熙五年（1194年）在《题东阳黄氏世家宗谱序》中说：

> 畏友黄君仁卿（黄东，黄榦之仲兄），世系始于唐太宰，讳迁，世居河南，五代末，厥祖讳膺，随王审知入闽，居邵武仁泽乡，生茂材，拜秘书郎，生子男四人，曰宾、曰推、曰慝、曰鸣凤。宾为古田令，兼知长乐事，侨居青山，宾生昶、昶生仁、仁生达德、达德生扬、扬生克家、克家生诏、诏生徽、徽生时、时生南仲、南仲生瑀……

黄榦的祖父黄南仲（黄膺十二世孙），能文能武，胸怀才学，但生不逢时，难以施展，七次会试均名落孙山。从此，黄南仲开始专心学习祖传的拳术，内外功兼修。他喜欢扶弱抑强，好行侠仗义，打抱不平，侠义闻于一方，连黄榦的三个哥哥也自幼随祖父习练拳术，舞枪弄棒。此外，他还做“自食其力”的私塾先生。乡村塾师十分清苦，不过是个“半饥半饱清闲客”。

黄瑀秉性斯文，不愿习武，经过十几年寒窗苦读，于绍兴八

《千字文》是南北朝时期梁帝命人编纂、由1000个汉字组成的韵文。全文为四字句，对仗工整，条理清晰，文采斐然。《百家姓》是一本关于姓氏的书，成书于北宋初年。其内容四言体例，对姓氏进行了排列，而且句句押韵。这两本书，与后面出现的《三字经》，并称“三百千”，是中国古代儿童三大启蒙读物，有独特的思想价值和文化魅力，被历代奉为经典并不断流传。

年（1138年）进士及第，补饶州（今江西鄱江、信江一带）司户参军。提点铸钱官想卖掉铸币工人的余粮，从中牟利，黄瑀坚决不答应。提点勃然大怒，想以法律条款来惩戒他。然而，百姓称赞黄瑀政绩，提点深感惭愧，反而推荐黄瑀，黄瑀深谢不受。由于黄瑀廉洁自爱，事迹感人，后擢监察御史。宋代著名理学家、教育家朱熹（1130—1200）对黄瑀有很高的评价：

> 绍兴八年进士第，初任为饶州司户参军。提点铸钱官欲市冶工余粮，以规赢利，强公高其估，公不可，则怒欲中以法，而求其罪无所得。乃更欲荐之，公谢不受。岁旱，郡檄视属县民田，当免租者，公请免之什九，而行他县者，以什一告。太守洪忠宣公，以为疑，却公所上文书，俾更之。公曰：“官可罢，此不可易，且吾已闻之诸使者矣！”既而，洪公使视诸县，则公所行，县民独无流徙，乃复善公所为而荐之。罢官贫甚，与一力徒步以归。更调湖北转运司，主管帐司使者向公伯奋，一日谓公曰：“人皆求荐，君独未尝一言，何也？”即袖中出奏牍，上公可亲民者，且以心源渊静，夷险一操。目之，公于是改官。而人亦以贤向公焉。

黄榦就是出生在这样一个立身清白的官宦书香之家。他的启蒙教育，是在家庭中开始的。从小聪明伶俐的黄榦，读书又异常

黄勉斋浴窟

刻苦。两岁时，父亲抱着他指着黄家祠堂大门上的“孝”“悌”等字教他辨识，过后再问，竟能百试不误。稍长，黄瑀又让他跟着私塾里的哥哥们一道读《千字文》《百家姓》。

黄榦认真读过之后，也能一字不漏地背诵出来。和三个哥哥相比，黄榦越发显得机警聪慧，因此黄瑀把希望都寄托在了他的身上，更细心地随时加以点拨，因而黄榦进步极快。

有一天，有远方客人来访，黄瑀邀请大家到池畔观鱼，而恰好有儿童在垂钩钓鱼。客人见身边的黄榦十分机灵，甚是喜爱，便有感而发，并有意借用古诗来试探他：

绕池闲步看鱼游，正值儿童弄钓舟。

文思敏捷的黄榦虽然年幼，但已经领会客人的用意。他答话圆活熟练，当即说道：“此乃大唐诗人香山居士（白居易）的七言绝句《观游鱼》。”据《黄勉斋文集》卷四云：“戒惧谨独，不待勉强，不假思索，只是一念之间，此意便在。”此时此刻，他只是微微一笑，摇头晃脑地脱口而出：

一种爱鱼心各异，我来施食尔垂钩。

客人听罢，拍手称赞不已。黄榦小小年龄竟懂得如此多知识，且“幼而俊迈，聪敏绝伦，博览群书，尤善《春秋左氏传》”。父亲愈加喜爱黄榦，对他的要求也就格外严格，他不论走到哪里，总要把宝贝儿子带在身边，利用一切机会对孩子进行启迪和教育，给他耐心讲解古代圣贤励志的故事。

龙眼之缘

“龙眼”又称桂圆，可加工制作成“龙眼干”，福州话称为“宝圆”。其实龙眼是种好水果，中医药书里说它“入主心脾二经，有补脾养心、增强智慧的作用”。明代名医李时珍的《本草纲目》中记载：“多吃龙眼益智。”史料记载，青山村龙眼培植于北宋，历史悠久，果质极佳。

据说有一年，朱熹要进宫面见光宗皇帝。他想给皇帝带点礼物，可是，皇帝什么都有了，送什么才好呢？听说黄榦家乡的龙眼非常好，就决定送些龙眼给皇帝。光宗皇帝尝后赞不绝口，钦定为贡品，并特赐“黄龙”匾额。

相传，朱熹早年在长乐游学期间，慕名前往青山村品尝龙眼，不禁赞叹道：“平生尝果无数，唯独青山龙眼乃人间仙果也！”翌年夏季，朱熹准备返程赴京，当他走到村中的三门桥（建于宋治平四年，即1067年），凑巧撞上年幼的黄榦与几个村童一起，赤裸裸地在“汤圆窟”（又称勉斋浴窟）边戏水边吃着宝圆，便向他问路。可是黄榦没有回答，朱熹以为他不知道，就走了。刚走出几步，黄榦穿好了衣服，从后面追上来说：“是的，这里就是通往京城的路。”朱熹觉得很奇怪，问他为什么刚才不回答，黄榦说：“我刚才没有穿衣服、裤子，嘴里还吃着宝圆，这样回答你的问题，是很不礼貌的！”见到这么小的孩子居然如此懂事，朱熹甚是疼爱，后来便把他带在身边教他读书。

迁居闽县，锋芒显露

绍兴二十七年（1157年），黄瑀举家迁徙闽县（现在的福州市），一家人居住在城东同庆寺之侧的一座大宅院中。这一年，黄榦才满6岁。从乡村来到城市，一切都是那么的陌生与新鲜。

大诗人陆游（1125—1210）此时也在福州任职，对此地情有独钟，并写了许多关于福州的赞诗。比如，他到台江一带考察、游览时，写了《渡浮桥至南台》一诗，曰：

客中多病废登临，闻说南台试一寻。
九轨徐行怒涛上，千艘横系大江心。
寺前钟鼓催昏晓，墟落云烟自古今。
白发未除豪气在，醉吹横笛坐榕阴。

尽管这时陆游已到壮年，但他仍旧雄心壮志、满腔豪情。此诗寓意深远，隐含着鼓励缺乏雄心壮志的年轻人，应当向老而弥坚的人看齐，力求上进，做一番有意义的大事业。

在福州城，黄榦被父亲送到礼部贡士潘滋所办的学堂就读。潘氏一族，皆为瓜山理学世家。据史料记载，潘家祖先潘文振

（银青光禄大夫）于唐末迁居瓜山（今属闽侯县）后，历代先贤办学馆、讲诗书，将中原文化带到福建东南沿海，推动福州地区的文化发展。瓜山八世潘滋，求教于福州学者理学名家林之奇、李樗，滋孝悌忠信、穷经博古、浑厚质实、志向修洁，于学至老不倦，黄榦兄弟“尝受教于贡士公”。潘滋“闻乡闾之善士，辄折辈行率其子从之游，后闻晦庵朱先生讲道武夷，有非他师所能及者，遂慨然嘱其子往师事之”。瓜山九世潘植与潘柄兄弟于淳熙十年（1183年）不远千里而往事武夷，受业于考亭朱子之门。后随朱熹到江西“鹅湖书院”和“白鹿书院”，做了大量阐释理学理论的工作，富有建树。

潘滋办学很有特色，名噪一方，遐迩皆知。潘家与黄榦渊源也较深。

潘滋对黄榦的聪慧早有耳闻，想当场考他。没想到幼童却毫不怯场，当看见学堂门前的一片园林，一夜春风催花开，照在一江碧滢滢的春水之中，触景生情，立刻吟诵一首唐诗《春游曲》：

万树江边杏，新开一夜风。
满园深浅色，照在绿波中。

潘滋见他小小年纪就能把学堂前杏花盛开的景况通过古诗诵读得这样真切、形象，自然有说不出的欣喜，他要求黄榦诵出一首含有以花喻人之深意的诗。黄榦思索片刻，饱含深情地道来：

山花照坞复烧溪，树树枝枝尽可迷。
野客未来枝畔立，流莺已向树边啼。
从容只是愁风起，眷恋常须向日西。
别有妖妍胜桃李，攀来折去亦成蹊。

这首唐代钱起的《山花》，描写了山间野花的美艳动人，从山花处僻野之处不求争艳，却有胜过桃李的独特风姿，引得人争相欣赏，并用“桃李不言，下自成蹊”的象征之典，暗指人只要真诚、忠实，就能感动别人。

对于黄榦的学识丰富、文思敏捷，潘滋喜不自胜，连声对黄瑀称赞道：“德藻兄，小公子真才实学，他日一定有所作为！”

黄瑀考虑到儿子们没有经历过贫寒，于是在教子方面有脱俗之标准。他时常对孩子讲述当年靖康之难时，百姓颠沛流离的逃难生活，这在黄榦幼小的心灵埋下了抗击侵略者的种子。以至于后来历官州县时，黄榦始终坚持主张驱逐金人、收复中原失地。

黄瑀始终认为，良好的人文环境对孩子的成长及品格的养成至关重要，黄榦后来能成为一个有学问的爱国学者、清官，也与他有一个睿智的父亲分不开。

黄瑀不但教子有方，而且廉洁为官、造福百姓。也可以这么说，廉洁是手段，勤政才是目的。因为，廉政在任何时代都需要。官员拥有统筹规划、治理一方的权力，就有为那里的老百姓造福一方的责任。据史料记载，黄瑀亦是这样一位值得敬仰的廉吏能臣：

> 及来永春，承寇乱蠹弊之余，田莱多荒，民力凋瘁。公至，首蠲其宿负，民有鬻业而税籍不除者，悉厘正之。其文书或不具，则履亩而均其税，于是，豪家无得幸免，而贫弱以苏民输赋，或后期，不使与其间独揭其姓名，于市为之期日，而闻者相先以至。间不一岁，流庸尽复，赋入再倍其初。公又痛以廉自约饬，凡例所当得公廨钱，悉输之官。到罢挈家而归，法当计佣受直，亦不取，至于燕游馈送之费，亦皆一切屏绝，而钩考出内，则必以身亲之，吏无所容其奸。于是，廪有余粟，库有余钱，乃视民所病。凡前日无名之赋，可罢

> 者，如浮盐钱之属，皆罢之，不可者，如上供银，亦为损其虚估之值，宗子米，则以它钱代输，一岁至数百万左翼军，自漳徙屯郡下，当治营屋，郡分以属县，它县征调输载，民不胜扰，公独出库钱，僦工徒，取竹木，具陶瓦，而分寓，便舟以往，为屋千余间，而邑人不之知也。里正，旧以诛求破产，前后相嘱，当役者，畏避百方，唯恐不得脱，至是，乃有投牒争先为之者，尝有寡妇负租而逃，公宽其期，以召之来，则使之佣织于人，以渐偿所负。又尝有请鬻牛以输负租者，公悯然曰："奈何使汝失一岁之计，今春姑以丐汝，秋成而输未晚也。"其人欣然听命，及期毕如约，盖其及民之大者，既已周浃而于其细者，又皆曲尽如此。独豪宗大姓，侵刻细民，则捕劾穷治之，无少贷。他所听断摘隐伏，人以为神，而卒亦归于仁恕也。大治学馆，辟其衢路，斥去喧杂，作亭其前，而刻词以励学者，语意甚伟。延择修士，课试以时，士子上谒者，接之于学。讲学之外，一毫之私，不敢及也。有儒冠而以博讼者，为设席听事之旁，课以论孟，通者罢归，否者呼其父兄，惩以二物，由是，俗为一变。始至款谒郡祀，以文告曰，令有昏墨，神其殛之，视社稷祠坛，隳弊甚，即命改为，而又植以名木。至今，人犹指以思公，名之曰："御史林"。遭旱，出俸钱，具牲酒，躬走群望，穷极幽险，不以劳为惮，雨为立应。

这年，永春县大旱。烈日当空，田地空旷，农夫们辛苦劳作，但颗粒无收。黄瑀看在眼里，急在心里。但无法可施，只好乞求上苍普降甘霖，以救百姓倒悬之急。大家知道，在封建时代，人们用自然科学来了解自然、克服自然和改造自然的能力很有限，他们有时不得不乞求于自己所幻想和臆造的神祇来拯救世人。身为永春县的长官，黄瑀理应前往山中祈雨，黄榦在旁边出谋划策，协助父亲爬山设坛，最终为百姓祈来了大雨。爱民之心淋漓尽致。事后，黄瑀写下了《乐山祷雨》一诗，云：

置上云封表，云间蔼洞天。
自惭无善政，来此乞丰年。

黄瑀善政之名在闽南各地广为流传。鉴于黄瑀的才能与政绩，经吏部极力推荐，没过多久便升迁监察御史。

江夏黄氏祠堂

第二章

默而识之，学而不厌

黄榦以古人为榜样，“亦将括旧闻，总疏百氏，叙述十经，翱翔蕴奥，以成一家之言”。他希望自己活得慷慨潇洒些，“大丈夫虽不成名，要当慷慨！”

庐墓守孝

乾道四年（1168年），由于积劳成疾，黄瑀最终累倒在任上。宦海一生的他，傲视权贵，执法不阿，刚正廉明，两袖清风，周济贫穷，赈救饥乏。一生“为文不追求时好，为吏一心营职，其清苦之操，非人所堪，而聪明仁爱，所以惠于民者，亦非人之所能及也”。知永春时，他四时勤于指导农事，颇有政事，永春县百姓感激黄瑀的功德，立生祠纪念。去世后入祀名臣、乡贤二祠。朱熹撰写了《朝散郎黄公墓志铭》一文祀之：

> 始予试吏泉之同安，闻旁邑永春，有贤令尹曰黄公，公廉强介，察见防隐，吏不能欺而民不忍弊，它县民有冤讼，率请诿公以决，其条教科指，操验稽决，人皆传诵以为法。间尝以檄书案事，涉其境，道旁小民称说令尹不吝其口。其禁令要束，大抵皆敦礼义、厚风俗、戢吏奸、恤民隐之意，其言明白简切而其达之也。远近幽隐，无不暨焉，过门入谒，则公方危坐堂上，阅学宫弟子程课，庭中阒然无人声。问公所以为此者，公不鄙告语甚悉，恨所案事有程，不得久留，听公语也，泉之士大夫，为予言，永春自故司谏江公民表为令，有善政，民称思之，以为无能继者。今黄君节守，殆无愧江公，而吏事精密，有过之者……
>
> 平生一以直道自任，未尝小降辞色，以希荐宠。为御史时当病甚，临安守赵公子潇，亦以廉节著，被旨视公家事，见其箧椟萧然，衣无兼副，俯仰叹息者久之。卒日，家无余财，凡此皆人之所甚难，独公之所甚易。

人固多能言之，顾中犹有大于此者，不幸未试而人亦莫之知也。盖公在台时，与殿中侍御史杜公莘老雅相好，每以节义相勤勉，一日杜以公疾来问讯，连呼不应，乃大呼曰：“吾今日击去王继先矣！”公矍然起坐曰：“君能任职，吾不病矣！”探枕中片纸示之，乃疏继先罪状，甚悉继先者，以医得幸，罪恶盈溢，公意盖有待也。居无何，杜以论宦者张去，为不效求去。公就与别，喟然太息曰：“君厚自爱，吾亦从此逝矣。”即日上疏请去，以此视公之志，岂但欲为其所，已为者而止哉！是宜伐石刻辞，以告后世之君子，乃为之序其事，而铭之。

铭曰：

我观黄公，古人之风，其刚方而洁廉者，义之操；其慈爱而惠利者，仁之功。其仁虽仅得施于十室之聚，其义则未及折乎百，王之锋遽抱其余，以息乎此，尚有以启，厥后于无穷。

对于黄瑀的离世，家人悲痛欲绝。唯一庆幸的是，他的四个儿子黄杲、黄东、黄查、黄榦，从小受到严格家庭教育，都大有作为，与他们父亲一样，个个名重儒林，为官时恪守本分，为民时淡泊守志。

据《长乐县志》载，黄杲（1140—1179），字教卿，黄瑀长子。生有奇质，警悟过人，既长从学于朱考亭之门，益自植立，优于文学，端详典雅，有非一时文士所及者。登绍兴三十年（1160年）庚辰科梁克家榜进士，拜宣教郎，擢江西提刑司检法，风节惠爱，著闻于时。著有《辛亥问答》诸书行于世，事迹列入史志儒林传。

县志又载，黄东（1143—1200），字仁卿，黄瑀次子。质敏

而简默，学优而早著，师事朱紫阳先生，经业进士，官从政郎，南剑州沙县丞，转文林郎，监衢州税务，转承直郎改秩通直郎，知吉州万安县事，无大小寮属咨焉，廉取诸人，恩待弟妹，不以其道之，贫安之，若将终身。授乐安县令，著《春秋大旨》诸书行世，列史志儒林传，勉斋公（黄榦）为其撰墓表，这是后话。

话说中国古代，父母死了是三年之丧，就是说要守孝三年。所谓圣朝以孝治天下，做官的人，不管文官武官，也不管官做得多大，凡遇到父母之丧，如果不马上请假还乡，那是不对的，监察御史马上就会提出弹劾，可以处分到永不录用的程度。

此时，黄榦的三个哥哥从任上回乡丁忧守制，特别是年仅17岁的他要求单独为父亲庐墓守孝。所谓庐墓，是指古时候父母或师长过世，服丧期间在墓旁搭盖草屋居位，守护坟墓。

尽管如此，黄榦仍然不忘专心攻读。他每天从早到晚读书，常常是废寝忘食，累了还不去休息。

峰峦叠嶂、千峰滴翠，秀竹繁茂、鸟语花香。每天夜幕降临，一座坟墓旁的茅屋前，溪水流淌的声音和山谷里的风声渗入骨髓。天黑了，皎洁的月光照射进来，大山雀轮番鸣叫。

在茅屋里都能听见外面水声，蒙在灵魂上的灰尘仿佛也被冲洗得干干净净。大山的夏夜屋里有时也闷热难忍，黄榦最爱做的一件事便是拿着书走到飞瀑似的月光下读书，他一页一页地翻着，一点也不动声色。

清澈的月光如流水一般，从夏日的夜空潺潺地流淌下来，在茅屋周围慢慢地蓄积盈满，荡漾起一个月光的池塘。黄榦在躺椅上乘凉，手中的蒲扇轻轻一摇，欸乃的舟楫一般，晃动起旁边的一丛芬芳的花草，飘浮起花草下唧唧的虫鸣，似乎吸引驻足的仙女流连忘返。

黄榦很喜欢这样的氛围，当月亮慢慢地走动着，他拿着书也随着月光一边走一边看，一直到月光消失为止。

每当抬头追慕乘风而去的先贤隐士，手中的卷册似乎化作缕缕青丝盘旋逸飞。黄榦生怕惊扰了流萤，却发现它们互相追逐起来，难道这就是知识的力量吗？讶异片刻，恍然而起地拊掌絮语：“书中的美，书中的韵，书中的灵魂，这才是读书的万妙所在啊！”诚然，书里有纤毫毕现，有煽情落泪，有气势恢弘，有博大精深，世间万物又有多少可以不羁在外呢？至于黄榦嘛，可他还为之动容，付之涕泗横流，感慨至深。顾视两无言，书中可自现。

科考失意

黄榦在大山中一待就是三年，寸步不离。乾道七年（1171年），守孝结束后，大哥黄杲和母亲都劝黄榦要继续致力于举业，不可半途而废。大哥黄杲曾对他说：“如果你想完成父亲的遗愿，就应该致力于举业。”黄榦给大哥的答复是，他决定参加第二年的乡试，但他只准备努力一年，考试一次。如果不被录取，则从此放弃不问。

由此看来，依黄榦的本性，他不甚热衷于科举考试，只是不好违背父愿，再加上众亲友的善意相劝，才勉强答应去参加一次乡试。

黄榦只埋头准备了一年，便取得了许多人一生都望尘莫及的好成绩，足以证明他的确是才华横溢。在即将参加会试的时候，大家都认为黄榦定能一举夺魁，他自己也颇为自负、信心十足。虽然他参加乡试时有些勉强，不过如今对会试，黄榦抱有极大的希望。

可是造化弄人，命运与黄榦开了个天大的玩笑。他虽有奇才，但颇不得志，好端端的一条金光大道，却因在一场科场案中

受牵连，从科举的金字塔上重重地摔了下来。

原来，黄榦赴京参加会试时，某考官因为家人受贿，在考官不知情的情况下将考题泄露了出去。其实这位考官很清廉，可他本人万万没有想到被家人给害了，贪财的老婆与外人勾结，在开科考试那些天，就利用给考官送茶水的机会，吩咐仆人把考题答案贴藏在茶杯底下送去，结果阴差阳错地送给了黄榦。黄榦以为考场送来了茶水，正高兴时，当场举杯畅饮，监考人员发觉杯底有异样，立刻训斥黄榦停笔并叫人将他带走。审问中，刑部问不出黄榦关于案情的来龙去脉，而他整个人也被搞糊涂了，不知道究竟是怎么回事。最终查明，这位考官被以“纵容家人，内外勾结，科考舞弊，收取贿赂等若干罪名”发配到了边疆。然而，最倒霉的是黄榦，他最终被定为考试作弊，当场逐出，永不录用！

这个打击实在太大了，无论是谁一下子都难以接受，黄榦也不例外。当事情发生以后，他的心情是非常沉重的，也是非常复杂的。

古代科举，曾有不少“失意者”坚信“天生我材必有用”，并成就了一世英名。

黄榦也不例外，他并不想放弃自己的尊严，而是要从跌倒的地方站起来，走出一条属于自己的人生之路。他认为墨翟、孙膑、司马迁都曾遭受过不幸，但他们把不朽的著作如《薄丧》《孙膑兵法》《史记》留给了后代。还有，唐代诗人张继考场失败后，仍能留下“月落乌啼霜满天，江枫渔火对愁眠。姑苏城外寒山寺，夜半钟声到客船”这样的千古绝唱。他相信自己也一定能有所作为。

黄榦总是以这些古人为榜样，“亦将括旧闻，总疏百氏，叙述十经，翱翔蕴奥，以成一家之言”。他希望自己活得慷慨潇洒些，“大丈夫虽不成名，要当慷慨！”

回到家中不久，黄榦到甘液坊的拙斋书院学习儒学和古文词赋。甘液坊在今天的福州南后街一带。这里有一家林姓望族，其家藏书之丰，达数万卷。在书院坐班的是一位林家进士郎，名叫林之奇。这位先生学识渊博，弟子众多，有不少著述。大哥黄杲也是进士出身，与林进士是忘年交。通过这层关系，黄榦得以师从林之奇，能够自由出入林家。

林之奇（1112—1176），字少颖，号拙斋，世称三山先生，侯官（今福州）人。林之奇是南宋福建名儒，著名理学家，以研究书经学知名于当世。他曾师从浙东名儒“大东莱”吕本中。吕教之以广大为心、以践履为实。林之奇在吕氏门下被称为高徒。当时，与林氏同时从学的还有福州李楠、李樗兄弟，均为当时的著名学者。黄榦曾评价说：“吾乡之士，以文辞行义为学者宗师，若李若林，其杰然者也。”后吕本中之侄“小东莱”吕祖谦入闽师从林之奇，就在他创建的拙斋书院从学。

据《宋元学案·紫微学案》记载，当时林之奇门下弟子达数百人。林之奇在福建早期理学传播史上，有着承上启下的重要作用。

进入林家，看着众多的藏书，黄榦便如鱼得水，认真品读，深入揣摩。他如饥似渴地借阅着林家丰富的藏书，大大扩展了知识面，弥补了之前的不足。

远器之才

淳熙二年（1175年）春，黄榦选好了动身之日，告别了母亲后，便带着强烈的求知欲望，只身投奔远在江西吉安县为官的二哥黄东。一路上，赶路投宿之暇，他仍捧书攻读，手不释卷。

半个月后，黄榦才到达目的地。由于劳累过度，黄榦不幸染疾落榻，迫不得已，只好聘请当地郎中调治。转眼之间，黄榦一

病就是一个月，所带盘费殆尽。

为了不给二哥黄东增加负担，黄榦凭着自己的能力与努力，在当地谋得一份差事。然而，刚开始不是很适应，水土不服等各种因素时常困扰着他。由于第一次离开家乡到了一个陌生的环境，一切都是从头开始。可黄榦凡事都亲力亲为，很快便适应了下来。

生活的环境和经历，锻炼和培养了黄榦的承受力和忍耐力，也让他变得很有主见。这些无形的收获都为他后面到武夷山拜师求学打下了坚实的基础。因此，每次遇到困难，黄榦从不轻易向人诉苦，而是将它装在心里，自己一点点地努力，慢慢地将之一口口地吞掉。

黄榦平时寄居于二哥任所，日夜苦读，学问日精。

一个风和日丽的日子，黄东雅兴大发，带着黄榦拜访清江县名士——刘清之。

刘清之（1134—1190），字子澄，人称静春先生，南宋临江军（今江西清江）人，后迁庐陵（今江西吉安）。绍兴二十七年（1157年）进士及第，调宜春县主簿，改建德县主簿。历任万安县丞、宜黄知县、太常寺主簿、袁州知州。以廉洁奉公、救荒利民而闻名于时。

根据《宋史》记载，刘清之是南宋初期著名的理学家。他入仕之后就跟随朱熹学习，著述甚丰，活跃在当时理学的第一线，是朱熹的得意门生。由于朱熹与刘清之两人年纪相仿，理学观念趋同，他们在师徒关系之外，友谊和私交的情分也非常浓厚。

黄东兄弟俩到刘清之府上时，正遇见一位书生在刘清之书斋中作“怨慕声”之题。“怨慕”就是“思慕”的意思，出自《孟子·万章上》，其中孟子说“舜思慕父母”。书生想了半天也没做出来，样子很狼狈。此时，黄榦二话不说，接过刘清之手中的笔和纸，援笔立就，手捧所做呈上，他在文章中加入“为舜也父者，为舜也母者”一句。书生百思不得其解，黄榦说：“此句出自《礼记·檀弓》。”

刘清之见状，微笑地点点头，称赞黄榦才思敏捷。事后，刘清之发现黄榦才貌很不一般，对道学的悟性也很高，觉得他今后必成大器，便对黄榦说：“子乃远器，时学非所以处子也。”并决定推荐他到朱熹门下受业，此时，朱熹的理学思想体系已经基本构架，通过讲学以及和其他学派的辩论已闻名遐迩。

由于刘清之平时非常崇尚朱子之学，史书称他“及见朱熹，尽取所习焚之，慨然志于义理之学”。对眼前的这位青年俊才，刘清之颇为欣赏，认为朱子学更有利于他顺利成才。后来，刘清之病逝后，黄榦在祭祀他的文中写道：“榦也颛愚，少无师承，年已逾冠，始来庐陵（吉安）。抠衣趋隅，历问所学，直指前修，以警后觉。”

黄榦凡事必须经过家里许可。《宋史》载：“黄榦家法严重。”此次外出求学也不例外，后来，母亲叶氏终于同意他的请求。刘清之欣喜过望，随即书信一封于朱熹，将黄榦推荐到朱熹那里深造，开启了黄榦一生与朱熹的忘年之谊。

武夷精舍

第三章

志坚思苦，勤奋为本

伊川府前立雪一尺，世皆尊程氏高弟称游杨载道南矣；

紫阳户外候师三月，吾独赞朱子门人号颜曾续统北焉。

候师三月

朱熹（1130—1200），这位因父亲在福建做官而出生于尤溪的江西婺源人，字元晦，号晦翁、晦庵，世称朱文公。年未弱冠中进士的朱熹，学识渊博，对经学、史学、文学、乐律乃至自然科学均有研究。他对词创作情有独钟，而且语言秀正，风格俊朗，无浓艳或典故堆砌之病。他是我国历史上著名的思想家、文学家、教育家。他一生热心于教育事业，孜孜不倦地授徒讲学，无论在教育思想或教育实践上，都取得了重大的成就。

南宋中期，金、蒙南下入侵，赋税苛重，百姓怨声载道，民族危机深重，加之儒学衰弱。封建统治的腐朽，致使纲常破坏，礼教废弛，官场贪风日盛，道德沦丧，人们精神空虚、理想失落，社会动荡不安。为了稳定国家秩序、加强家庭和社会的凝聚力，拯救社稷，拯救国家，朱熹以弘扬理学为己任，奉行“格物致知、实践居敬”的教育理念，力主以“存天理，灭人欲”为内容的道德修养，力求重整伦理纲常、道德规范，重建价值理想、精神家园。

淳熙二年（1175年），46岁的朱熹，已经广泛研读儒家经典，与各地学者名士交流研究学问，创作了《孟子集注》《论语集注》《资治通鉴纲目》《大学章句》《中庸章句》，编订《大学》《中庸》新版等极有分量的儒学著作，是闻名天下的理学家。

朱熹作为宋大儒、理学集大成者，他直接承继孔子到孟子，思想体系也有选择性地吸收扬弃了道家、玄学、道教以及一些佛教的思想。理学由北宋程颢、程颐创立，南宋朱熹集其大成。朱熹认为“理”是世界的本质，“理在先，气在后”，创立了朱子武夷冲佑观是武夷山最古老的一座宫观，规制有如公署。唐天宝年间（742—756）始创屋于洲渚间，称天宝殿。唐末（907年），闽王王审知（862—925）扩建，改名为武夷观。北宋大中祥符二年（1009年）增修殿宫，改称为冲佑观，并由宋真宗颁赐观额。冲佑观为宋代六大名观之一。

按照宋廷的官制，祠禄之官分为提举、提点、管勾（即主管）和监，共四级，用以安置一些闲官冗员和与朝廷政见不合之人。

学，使儒学再放光芒，把中国文化推进到一个新的高度。其一系列思想理论在中国哲学史和思想史上占有极其重要的地位，在元明清一直是封建统治阶级的官方哲学，对南宋之后的中国与东亚社会产生了极其重大的影响。

淳熙二年（1175年）冬，黄榦身背书箱，怀揣干粮，从吉安县出发，一路上跋山涉水、风餐露宿，不知饥渴、不知劳累地往武夷山赶去。这一日终于来到了武夷山脚下。此时，正好纷纷扬扬地下着大雪，可他怀着一腔求学的热情，不顾旅途劳累接连步行到五夫里。不巧的是，恰逢朱熹外出讲学，不知何时归来。

黄榦没有因此而退却，为了等到朱熹，他找到附近一家客栈住下，晚上睡觉连衣服都不敢脱，就等着随时被朱熹召见。《宋史》有载，他留住客邸“卧起一榻，不解衣者二月”。谁知这一等，竟是三个月。到了第二年春天，百花盛开了，朱熹才归来。望着眼前这位俊朗的青年，得知他居然虔诚地等候了三个月，朱熹在心里暗暗叫好。志向远大的黄榦也十分珍惜此次求学的机会，抓住一切机会读书和做学问。夜里，他不知疲倦，挑灯夜读，实在疲倦极了，就稍微靠着东西坐一会儿，有时就一直到天亮。据《宋史》记载，黄榦“夜不设榻，衣不解带，少倦则微坐、一倚，或至达曙”。

从此，黄榦与闽北结下了不解之缘。他长期从学于朱熹，其拜师和学业有成均在闽北。黄榦后来在武夷山五夫里成家，是朱熹的女婿和高徒。朱熹晚年定居建阳考亭，黄榦也随迁至此。黄榦在走向政界后，还两度主管武夷山冲佑观。家居期间，曾在建阳考亭讲学，并创建了环峰、潭溪两所书院，在此教书育人，传播朱熹的理学思想。黄榦是朱熹众多弟子中最有成就的理学家和教育家。

从黄榦“候师三月”反映出中国古代尊师重教的优良传统。中国在明清时期的启蒙读物《幼学故事琼林》中，已有“负笈千里，苏章从师之殷；立雪程门，游酢、杨时敬师之至”的内容。说的是汉朝人苏章肩背书箱千里求师，以及北宋游酢、杨时大雪天里，恭候老师午觉醒来的故事。由此可见，古人早已把尊师重教的美德，作为幼儿教育的重要内容编入教材中。

有趣的是，“程门立雪”的游酢、杨时有载道南归，促使作为中国传统文化主体的儒学文化重心由北方转向南方的开拓之功，而“候师三月”的黄榦则有促进理学北传的历史功绩。

两宋时期，理学入闽后，在福建得到迅速发展；在金朝统治下的北方却沉寂了下来。而黄榦在其一生中的后二十年走向政界后，在担任临川知县、汉阳知军、安庆知府等职时，在这些地方修复官学，创建书院，广招门生。由于这些地方地处宋金边境，这就为理学北传打下了良好的基础。随着此后门生弟子的日渐增多和理学书籍的四处传播，以及此后门生弟子的代代相传，黄榦促使理学北传至宋末元初得以最终完成，为程朱理学成为元朝的统治思想奠定了坚实的基础。前有程门立雪的游酢、杨时载道南归的故事，后有黄榦候师三月的传奇，因此有一联赞，云：

伊川府前立雪一尺，世皆尊程氏高弟称游杨载道南矣；

紫阳户外候师三月，吾独赞朱子门人号颜曾续统北焉。

修学储能，经世致用

黄榦第一次来到武夷山五夫里拜师学习，因他痴迷于深入地钻研学术，朱熹就给他开起了“小灶”。

“修学储能，经世致用”就是朱熹对黄榦提出的学习目标。

朱熹对黄榦说：“直卿，一个青年人走进学堂的目的是什么？是学习知识，更是储备能力。子曰‘质胜于文则野，文胜于质则史’。就是说一个人，光是能力素质强，而学问修养不够，则必然无法约束自己，本身的能力反而成了一种野性破坏之力。反过来，如果光注重书本学问，而缺乏实际能力的培养，那么知识也就成了死知识，学问也就成了伪学问，其人必死板呆滞，毫无实用。所以，要学习相关的知识，提高自己的能力，让知识与能力相辅相成，做到‘经世致用’。那什么又是‘经世致用’呢？就是‘致用’以‘经世’，以今天所修之学、所储之能，来致力于国家民族的复兴、社会向前的发展。我今天送你这八个字的目的，就是要让你牢牢记住，必须平衡发展。这也是你求学之路上，不可缺少的。”

黄榦听后觉得大有感触，但还心有疑惑，问道：“那以今日之我，应当以修什么学问、储哪种能力为先呢？”

朱熹回答说：“什么学问？哪种能力？直卿，你的这种想法首先就是错误的。今时今日之黄直卿是什么人？一个学堂毛头小子而已，你喜欢哲学伦理，也关心社会时事，这是兴趣也是天赋，但我担心，你会走入另外一个误区，那就是知识能力的涉猎面太窄。你的求学之路才刚刚开始，你才掌握了多少知识、拥有多少能力？过早地框死了自己修学储能、经世致用的范围而不广

泛学习多方涉猎，于你今后是有百弊而无一利。所以在你修学储能、经世致用的后面还应该再加上‘先博后渊’四个字。”

黄榦若有所悟：“我明白了，博采众长才能相互印证，固步自封必将粗陋浅薄。对吗？老师。”

朱熹欣慰地点了点头：“你能这样想，这就对了。”

黄榦继续道：“古之立大事者，不唯有超世之才，亦必有坚忍不拔之志。”

朱熹赞叹道：“对，坚忍。坚者如磐石虽岁月交替而不移，忍者如柔练虽困苦艰辛而不摧。坚忍者刚柔相济百折不回，持之以恒也。”

从朱熹与黄榦对话之中，我们可知朱熹所说的“修学储能，经世致用”目的。用今天的话来说，就是以己所学化为己用，以己所用探寻己梦，以己之梦实现中国之梦，哪怕微小得不值一提，己愿足矣！每一个人的梦想只是一滴微不足道的水珠，但是十几亿滴水珠将会汇聚成一片汪洋，惊涛拍岸，巨浪拍天。再回首，将是地覆天翻！

朱熹教学有特色，讲究效果，课堂上他强调三个要点：

专心听讲。所谓“心不在焉，视而不见，听而不闻，食而不知其味。此谓修身在正其心”。指的是心思不端正就像心不在自己身上一样，虽然在看，却像没有看见一样；虽然在听，却像没有听见一样；虽然在吃东西，却一点也不知道是什么滋味。所以说，要修养自身的品性必须要先端正自己的心思。

其实，修身的目的，即是令自己的思维与行为达到不偏不倚的“中正”状态。如果人的精神处在愤怒、恐惧、好乐、忧患之时，皆不能使其精神境界保持在不偏不倚、不亢不卑、堂堂正正、无所畏惧的“正”位中。

黄榦进一步认为，真正的修身是要把心漂洗得一干二净，达到圆明中正的境界。心是一身之主，心住在心的位置而不借住于外物，心若滞于忿怒、恐惧、好乐，甚至流连于富贵、功名、利禄，便已是身外之物了，那么心就不会诚、不会善、不会仁，当然也就更不可能正了。故修身之道在正心，在纯心，在于将心永远摆放在守正的位置上，不可须臾偏离，不可须臾失正。

及时复习。子曰：“温故而知新，可以为师矣。”这个“新”，主要指的是知识达到了系统化的水平，达到了融会贯通的境界。首先，知识的系统化，是指对知识的掌握达到了一个更高的境界，也就是从整体、全局或联系中去掌握具体的概念和原理，使所学的概念和原理回到知识系统中的应有位置上去。其次，知识的系统化能把多而杂的知识变得少而精，从而完成书本知识由“厚”到“薄”的转化过程。系统化的知识，容量大，既好记又好用。最后，系统化的知识有利于记忆。道理很简单，孤立的事物容易忘记，而联系着的事物就不容易忘记。想搞好知识的系统化，一要靠平时把概念和原理学好，为建造“知识大厦”备好料；二要肯坚持艰苦地思考，逃避艰苦思考的人是不可能真正掌握好知识的；三要学会科学的思维。

通过课堂讲述，朱熹问黄榦对“温故而知新”的理解。黄榦说：“‘温故而知新’有四解。一为‘温故才知新’，温习已学的知识，并且获得新的领悟；二为‘温故及知新’，一方面要温习典章故事，另一方面又努力撷取新的知识；三为‘温故知新’，随着阅历的丰富和理解能力的提高，回头再看以前看过的知识，总能从中体会到更多的东西；四为正确地解释，是指通过回顾历史，可以预见以及解决未来的问题。这才是一个真正的大师应该具有的能力。”朱熹听后，微笑地点点头。

切磋琢磨。《学记》说：“独学而无友，则孤陋而寡闻。”意思是说，如果学习中缺乏学友之间的交流切磋，就必然会导致知识狭隘、见识短浅。古今中外许多善于读书治学并且成大器者，大多十分重视结交学友，并在讨论与交流中获益匪浅，道理就在于集思广益、取长补短。

一个人学习虽然有所收获，但难免也有一知半解的时候，同学之间通过交流讨论，就能够扬长避短，取长补短，丰富自己的知识，开拓自己的视野，完善自己的知识结构。孔子说：“三人行必有我师焉。”在学习过程中，人各有所长，也各有所短，相互讨论和交流，就能取长补短。

黄榦屏气凝神地听着老师讲解。他认为，学习时通过交流和讨论，能促进自己对知识的深刻理解。知识是否理解透彻，有时候是难以自我检验的，而在互相质疑、讨论和争辩中，则很容易使自己“于不疑处有疑”，解决了这些疑难，在学业上就会有进步。交流讨论还能促进自己思维能力的提高。在交流讨论过程中，每个人最容易发现自己知识的不足和困惑所在，从而提醒和激发自己深入钻研、力求弄懂弄通的积极性；要积极主动地参与讨论，也会逼迫自己多学一点，理解得全面深入一点，对关键部分和知识要点也必须了如指掌，而要做到这一点，就要让自己自觉地去深入思考，使自己的思考能力不断得到锻炼和提高。除此之外，也能锻炼自己的语言表达能力。

正是黄榦的努力上进，学识日渐渊博，甚为朱熹所器重。由于二人经常一起深入讨论，师生的角色也慢慢发生了变化，由凌驾于受教育者之上的“灌输者”“管束者”转变为向学习主体发展的良师益友、合作伙伴，师生的关系更加密切。

一天，天降大雨，黄榦邀朱熹外出。

朱熹：下这么大的雨，你想上哪里去呢？

黄榦：爬山啊。

朱熹：爬山？

黄榦：对啊！

朱熹：大风大雨的，你搞这个干嘛？

黄榦：大风怎么了？大雨又怎么了？今天我要好好地体验一下。

朱熹：真的？那太好了！

黄榦：真的。古人云："纳于大麓，烈风雷雨弗迷。"

传说中上古时代的帝王尧打算将王位传给舜，但老放不下心来，为了考验他，便在一个暴风袭来的夜晚，让他进入原始森林，看他能不能顺利地回到自己的身边。那是需要坚强的毅力和惊人的智慧，需要不停地披荆斩棘，需要不断对付猛禽野兽，令尧欣慰的是舜最终成功了。这就是《尚书·尧典》记载于"纳于大麓，烈风雷雨弗迷"的典故。可见，黄榦一心只读圣贤书，并从先贤的智慧中获得了一些感悟、一丝体会。

由于朱熹名声在外，各地学友纷纷前来武夷山，共同切磋学问，砥砺理学，滔滔问辩，侃侃论道。黄榦所接触的都是当时第一流的饱学之士，这些都是品德高尚讲气节的人物，黄榦由此深受他们道德人格的熏陶。朱熹居住之地，一时成为众贤毕至之处。来往于此的人都是反对朝廷求和，力主收复中原的主战派。比如陆游、辛弃疾，此二人与朱熹私交甚笃，他们在力主抗金、拒斥和议的抱负上肝胆相照。大家谈起国仇家恨，个个咬牙切齿，痛哭流涕。说到主和派卖国求荣的丑行时，更是激愤无比，个个怒发冲冠。

此情此景，在年轻的黄榦心中留下了深刻的印象，更加坚定

了他的爱国信念。他下定决心，只有教化民众，加强爱国思想教育，培养好学子们的道德风尚，社会才能安定、团结和发展，以至于在后来的为官过程中，黄榦一直主张抗金、重视教育。

朱熹虽然建寓所于五夫里，但经常携友来往武夷山风景荟萃之地。朱熹曾赋诗曰："琴书四十年，几作山中客。"朱熹之友韩元吉也说过："朱元晦居于五夫里，去武夷一舍而近，若其后圃，暇则游焉。"在倾心交流的诸友中，朱熹、张栻与吕祖谦三人过从甚密，交谊最笃，被尊为"东南三贤"。

张栻（1133—1180），字敬夫，号南轩，汉州绵竹（今四川绵竹）人。曾任吏部员外郎兼侍讲、江陵知府等职。他认为理是世界的本原，理借助于气化生万物，理在事物之先。在人性方面，认为人应寡欲以至于无欲，才能去恶从善，私欲不萌，天理常存。张栻对孟子的性善论、周敦颐的主静说均有所发挥。著有《南轩先生文集》。

吕祖谦（1137—1181），字伯恭，浙江省婺州（今金华市）人，世称东莱先生。朱熹与吕祖谦的友谊起于绍兴二十六年（1156年）。这年年底，即将离任泉州同安县主簿的朱熹来到福州，偶遇吕祖谦，两人一见如故。年仅20岁的吕祖谦谈吐不凡，在朱熹心中留下深刻的印象。

为了进一步开阔黄榦的视界，朱熹还让他多次向吕祖谦和张栻请教，对当时鼎足而立的朱、吕、张三家学术观点进行比较。之后黄榦做出结论，他主张与民交往不能有士人的态度，也绝不能掺杂轻视厌弃之情，有的只能是关爱和尊重。他引用杜甫的诗说："不爱入州府，畏人嫌我真；及乎归茅宇，旁舍未曾嗔。"所谓"州府"，便是指统治阶级；"旁舍"，指劳动人民；"未曾嗔"，意思说从来没有讨厌过我。由于黄榦对学术观点分析透

志坚思苦

彻，见解独到，朱熹甚感欣慰。朱熹经常在友人面前夸赞黄榦，说：“直卿志坚思苦，与之处甚有益。”

此外，黄榦有一个很大的优点，就是对朱熹学说以外的学派从不一概排斥，而是兼收并蓄各派的优点，比如，朱熹与陆九渊的思想不同处，曾被概括为“朱熹主道问学，即向外格物来认识心中的理；陆九渊主尊德性，即对内认知来发明本心”。黄榦则兼收并蓄，主张尊德性与道问学二者结合起来，他在《黄勉斋集·复叶味道书》中说：“尊德性所以存心，而极乎道体之大也；道问学所以致知，而尽乎道体之细。”表现出宽广的胸怀和理学发展的正确方向，难怪闽学学者都尊黄榦为道统的继承者，并公认他为闽学学派的领袖达二十余年之久。

黄榦大部分时间均侍于朱熹左右，帮助处理一些学术上的事务，即使是朱熹外出为官也是如此，例如，淳熙六年（1179年），朱熹知江西南康军（军，是小于路、府的行政区域单位），黄榦从行；淳熙八年（1181年）十月，朱熹被召至京，黄榦从行。他协助朱熹编《四书集注》《礼书》等，打理一切有关学术上的疑问，朱熹感到十分满意，认为黄榦学术研究阐述“缜

密有条理”。

朱熹一生无中断地讲学授徒，门生众多，其中在福建有两个名字极易引起混淆的门生，一个为本书传主黄榦，另一个为黄幹。“榦”与“幹”读音相同，字形相近，在今天的简化汉字中又都写作“干”，因此一些古籍和今人的论著里都曾出现过误用的情况。

话说另一个黄幹，也是朱子学较为重要的传人之一，字尚质，宁德长溪察阳（今宁德福安阳头）人，生于宋孝宗乾道六年（1170年），卒年不详。黄幹比黄榦年小18岁，其父黄参，以耕种、打鱼为生。黄幹从小就喜欢看书，经常挑灯夜读。

南宋庆元二年（1196年），“庆元党禁”祸起，朱熹被夺职罢祠后，还遭到奸人的迫害。在此生命“履薄临深”之际，为继续训学艺徒、续其道脉，朱熹遂于庆元三年三月应古田籍门人林用中、余偶、余范等人的邀请，来到古田杉洋的蓝田书院讲学。此时，在长溪龟龄寺讲学授徒的黄幹闻悉朱熹讲学杉洋，立刻前往蓝田书院投师，并留在朱熹身边协理教学。庆元三年十二月，朱熹名列伪学籍后，韩侂胄遣康太保至杉洋谋刺他。康太保深知朱熹为贤儒不忍加害，来到衫洋后当即自刎于蓝田书院右侧聚星台旁。朱熹门人考虑到恩师的安全，再次敦促朱熹避祸他乡。就在此时，黄幹与门人杨楫也力请朱熹游长溪。朱熹自知杉洋不能久留，庆元五年，他来到长溪龟龄寺讲学，黄幹仍从侍左右，勤学好问，孜孜不倦，深受朱熹的器重，并得到他的真传，“名冠朱熹得意门生杨复、林湜、高松、陈骏、郑师孟、龚郯、张泳之首”。之后，朱熹又来到黄幹家讲学，当时的察阳僻处海隅且生源不少，为避难而来的朱熹，也乐于在此授徒讲学，一住就是三四个月。后因得知林湜回到赤岸，就于同年六七月间由罗浮乘

蓝田书院

船再到赤岸。黄幹自从在蓝田书院拜见朱熹后撰写了不少弘扬朱子学说的著作，可考的专著有《五经讲义》《四书纪闻》《诲鉴衙》等。

在闽学历史上，“二黄干诱掖饶双峰”曾一度传为佳话，为人津津乐道。

饶鲁（1193—1264），字伯兴，一字仲乞，号双峰，江西余干人。他先后从柴元裕、黄榦、柴中行、黄幹、李燔学。游学豫章书院、东湖书院，归里，建朋来馆，广聚学者，互相切磋。复筑石洞书院，聚徒讲学。其学以持守涵养为主，学问思辨为先，而笃行终之。远近从学者众。受诸道部使之聘，历主白鹿洞、濂溪、建安、东湖、西涧、临汝诸书院。景定元年（1260年）荐授迪功郎差饶州州学教授。著有《五经讲义》《语孟纪闻》《西铭

图》等。《宋元学案》中的《勉斋学案》《尚质门人》和《双峰学案》均记载有饶鲁曾师从“二黄干”的资料。饶鲁早年得到黄榦的指导，后来到长溪龟龄寺（今福安社口），又得黄幹的悉心教导，理学造诣益深，学识超凡。饶鲁学成后回江西余干创办石洞书院，传授理学，学生众多，形成诸子学派的一个重要流派。饶鲁撰写了大量著作，阐明师说，尊朱学为正宗，其中包含许多黄幹的思想。黄幹与饶鲁都著有《五经讲义》《四书纪闻》，同名著作的出现，大概说的也是饶鲁承继老师的缘故。

“二黄干”里居相近，姓名相同，又皆系朱熹高足，都曾以理学成就震烁后世，故自宋代以后的某些文献在记述他们的行实时屡见混淆，甚而张冠李戴，一度在闽学界造成混乱。为了不使二人的姓名相混，朱熹在作《十八门人录》时，有意用“榦”和“幹”将他们区别开来。

南宋庆元六年（1200年），朱熹逝世，黄幹无意进入仕途，执意于传授程朱理学。直至嘉定二年（1209年），南宋朝廷开始重视理学，并诏赐朱熹遗表恩泽，谥号为“文”，尊称“朱文公”。嘉定五年，朱熹的《论语集注》和《孟子集注》被列入学宫，作为法定教科书。此后，朱熹的门生日益受到朝廷重用。黄幹在此期间始奉召入朝，进文渊阁从事翰墨，官至集贤院直学士。

清乾隆元年（1736年），巡抚福建筹处地方提督军务都御史为黄幹题词立“理学传薪”牌匾。1997年闽学研究会追赠黄幹为“理学先贤”。黄幹虽没有经过科举考试，但其勤学好问、孜孜不倦的求学态度受到福安察阳宗祠子弟的推崇，至今福安阳头黄氏人家仍供奉着“孔子、朱熹、黄幹”三人。黄幹和杨复及其他长溪弟子的讲学实践，也为日后福安长盛不衰的文教事业打下了坚实的根基。

由此可见，黄榦与黄幹实在是渊源深厚，共同为朱子学的阐扬与传播立下了汗马功劳，值得后世铭记并做出认真分辨。

良缘天成

时间如白驹过隙，一晃又是几年过去了。

淳熙九年（1182年），黄榦在朱熹门下已有8年了。在他看来，“学问无穷，不可以轻偎浮浅得也”，朱熹每“语之以道德性命之旨，言下领悟”。朱熹最终被黄榦安贫乐道、清心寡欲的品行以及意纯志坚、刻苦求知的决心打动了，将自己的女儿许配给了黄榦。后来，黄榦回忆这时期的学习经历，他满怀深情地写道：

> 榦丙申之春，师门始登，诲语谆谆，情犹父兄。春山朝荣，秋堂夜清，或执经于坐隅，或散策于林坰，或谈笑而春容，或切至而叮咛。始受室于潭溪，复问于星亭……

文中的“潭溪”指的就是五夫紫阳书堂；“星亭”则指的是建阳考亭书院(因旁有陈氏聚星亭而以此代称)。由此可知，黄榦在建阳莒口建精舍而以“潭溪”命名，是为了纪念他在五夫紫阳书堂拜师从学和成家立业的这一段难忘的人生经历，体现了他对恩师朱熹的深切的感激之情。

而在这时，朱熹完成了《论孟精义》《周易本义》《诗集传》《近思录》《伊洛渊源录》等二十多部著作，使他在政界与学术界声名日盛，许多同僚都想跟朱熹结为儿女亲家。史料记载，“公卿（朱熹）名家莫不攀慕，争欲以子弟求婚”，而朱熹

却偏偏看中了这个“家清贫、门户衰冷”的黄榦。正如他在为女儿定亲时撰《回黄氏定书》所言：“直卿宣教励志为儒，久为知己……虽贪同气之求，实重量材之愧。”朱熹看中的是他一心向道、“励志为儒”的决心和才干，最终才欣然将自己的二女儿朱兑嫁给黄榦。

朱兑比黄榦小四岁，天生丽质，聪颖灵慧，有一种清新洁雅的气质。据《福建通志》载：“朱兑，字淑真，朱子仲女也。适闽县黄榦，守儒风，明妇道，环堵一屋，夫妇相敬如宾，训子有方。”《长乐县志·贤媛》也记载有对朱兑的称赞，诗云：

徽国壶范，出身贤门。
坤与毓秀，生其淑媛。
内习庭训，柔顺温存。
来归黄氏，学有渊源。
赞父集注，考订名言。
助夫论礼，制帛一纯。
教子明志，吃其菜根。
大哉懿德，道学同尊。

如今，黄榦与朱兑喜结良缘，两人誓言白首到老，执手一生，笑看花开花落、赏月圆月缺。

人生奢求，不过是生死与共、不离不弃。

朱兑从小生活在文化氛围浓厚的家庭里，琴棋书画样样精通。在父亲朱熹的影响下，朱兑对理学也有自己独特的理解，据《长乐县志》记载说：“熹集注四书章句，兑与论大学格致，传曰‘物之表里精粗无不到，而吾身之全体大用无不明，反复可订倒而言之，以为吾心之全体大用无不明矣，而后于物之表里精粗无不到，此推以心应物之理’。兑亦自有一说也。及榦编礼时，复与论礼制帛以有余，不足定长短之制。”

黄榦结婚后，生活寒素贫俭，但朱兑对字画非常感兴趣，经常买来一些古文书籍字画研探。

生命在面前呈现出了全新的色彩，朱兑喜欢学习。闲暇时，黄榦教她解读经书，她一发不可收拾地沉迷进去，二人琴瑟相和。在他们看来，比翼双飞才是夫妻相处的最高境界，也是朱兑向往的境界，她愿意为此付出一切。

恰似《诗经·邶风·谷风》中写道：“燕尔新婚，如兄如弟。”黄榦、朱兑二人恩爱有加，在当时传为佳话。

黄榦夫妻以钻研学识为快事，为此投入全副身心。婚后第二年，家里的支出渐渐变得捉襟见肘，朱兑毫不犹豫地拿出自己的陪嫁持家，但日子仍然过得十分俭朴。于是，两人立下了这样的规矩：不吃第二道荤菜，不穿第二件绸衣，更不置办明珠翡翠等装饰品。但凡是购买研究学术需要的古今书画作品，却慷慨解囊，毫不吝啬。

其实，朱熹将爱女朱兑许配给黄榦，就是在选择学术和事业的接班人。

那么，朱熹为什么会选择黄榦为其事业上的继承人呢？这在朱熹平时与友人的言谈中已露出端倪。所言“直卿志坚思苦，与之处甚有益”，实际上就是对黄榦为人的总体评价。

何为“志坚”？是指黄榦“慨然有志于道”，思考深入细致，冥思苦想，豁然贯通。在拜师之日，黄榦已立下了以继承和阐扬朱子学为己任的大志。那时，黄榦刚拜朱熹为师时，已25岁，正是一个人成家立业的时候。在封建社会里，科举功名是人们趋之若鹜的热门，“十载寒窗无人识，一举成名天下知”就是这种现象的生动写照。但黄榦却在青年时即“厌科举之业”，不

以仕途为意。

何为“思苦”？是说黄榦在学业上能吃苦钻研，超出凡人，表现出坚强的意志。黄榦从拜师那年开始，便勤奋为学，甚至是“夜不设榻，衣不解带，少倦则微坐、一倚，或至达曙”。后来，黄榦的同乡与同门师友杨复说：“文公（朱熹）心嘉其刚劲坚苦，可与任道，未十年而授之以室，又十年而畀之以官。”

尽管婚后生活比较拮据，却依然不改黄榦的志向。

据说有一年盛夏，朱熹前来看望女儿一家，黄榦正好外出讲课，朱兑想好好款待父亲，但因家境贫困，端不出像样的菜，只好在屋后的菜园里摘了几根香葱做成清汤，然后又煮了一锅麦饭。深知女儿家中窘境的朱熹丝毫没有责怪，反而安慰起女儿说：“俭朴度日，是我们家的好家风。这样的饭菜已经很不错了，吃起来不仅喷香可口，而且还能滋补身体。”饭后临别之际，朱熹饱蘸浓墨，挥笔一诗：

葱汤麦饭两相宜，葱补丹田麦补脾。
莫道此中滋味少，前村还有未炊时。

朱熹的这首诗，黄榦恭恭敬敬地贴在墙壁上，当作座右铭以及黄氏家训。黄榦还作诗诵读：

愚夫饱欲死，志士常苦饥。
但能守箪瓢，何事不可为。

诗中尽显黄榦安贫乐道之风。

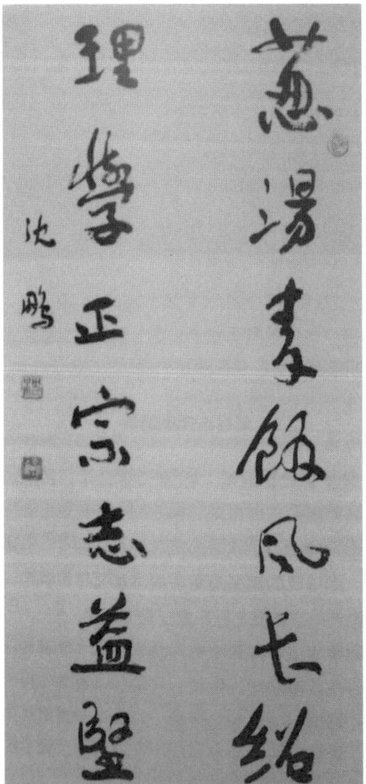

中国美术评论家沈鹏的对联

朱熹为人坦荡磊落，时刻关心女婿的成长。他对黄榦、朱兑疼爱有加，经常对朋友赞赏二人说：“仲女素性孝顺，我与夫人皆钟爱之。自于归黄氏，亦恪尽妇道。直卿为人循谨，少年俊才，忠孝仁义，可称快婿，日后料其必阔，即不然，亦不失为端人正士。”

“太极”之解

淳熙十年（1183年），朱熹开始在武夷山五曲隐屏峰下平林渡九曲溪畔建造武夷精舍（又称紫阳书院、武夷书院、朱文公祠），目的是为了著书立说、倡道讲学。有仁智堂、隐求室、止宿寮、石门坞、观善斋、寒栖馆、晚对亭、铁笛亭等建筑，时人称之为“武夷之巨观”。武夷精舍是朱熹完成《四书集注》和以它为教材实行完善的教育实践的一所成功的私立书院，在中国教育史上占有重要的位置。

由于黄榦在教育实践中的不懈努力，当元朝统一中国以后，朱子学自南向北传播，被朝廷定为一尊，成了国家的正宗思想，武夷理学文化也就成为封建王朝的正统文化；迨至明清两代，“朱子学”一直是文化的正宗，达七八百年之久。它成为历代理学家讲述伦理学、政治学、哲学的基本纲领，也是政治家治理国家的基本指导思想。特别是清朝康熙年间，朱子学发展到了一个全新的鼎盛时期，康熙皇帝亲颁御匾“学达性”，赐予武夷精舍（改为紫阳书院）。书院也改为官办，由朝廷委派山长管理。朱熹牌位也从“从祀”孔庙改为“十哲”之一（其他九哲均为孔子嫡传弟子），康熙还下令文渊阁大学士李光地编纂《朱子大全》……这一切，都是朱熹在武夷精舍著书立说、兴教传学打下的基础。

武夷精舍的作用在于通过创立学院、授徒讲学、著书立说、

武夷精舍

培养人才，重新树立起中华民族传统的主体意识——儒家思想的正宗地位。他所创立的学派史称朱子学（闽学），汇集了当时主要的儒学学派（濂学、洛学、关学）之大成。他始创“四书学”，即把儒家创始人孔子、孟子和他的学生曾参、子思的经典论着《大学》《中庸》《论语》《孟子》汇成一个系列，加以权威性的阐述、诠释，名之为《四书集注》。朱熹在以《四书》为教材进行的教学实践中，努力促使它成为官方科举取士的标准教科书。

朱熹逝世之后，武夷精舍备受统治者的重视，历代都曾加以修建。南宋末，经扩建后改为紫阳书院，由官府拨给公田，以供养学者。此后，直到明正统十三年（1448年），才改为朱文公祠，奉祀朱熹的神主，并以黄榦、蔡元定、刘爚、真德秀配享祭祀。明正德十三年（1518年），巡按御史周鹓清、军御史及佥事肖干元协力檄令县令王和重修葺，辟地百余丈，绕以围垣。前竖牌坊，匾上镌刻“武夷书院”。沿着牌坊稍进有楼五楹，名叫高明楼，正中大堂也有楼五楹，两庑各六间堂斋。全部构筑轩雅宏丽，并曾置田百亩作为祀事及修缮费之用，旁边又建屋数间，择朱子后裔一人世居管理。

淳熙十年（1183年）四月，朱熹的武夷精舍在武夷山五曲隐屏峰下建成后，著名学者袁枢等前来庆贺，曰：

本是山中人，归来山中友。
岂同荷蓧老，永结躬耕耦。
浮云忽出岫，肤寸弥九有。
此志未可量，见之千载后。

大诗人陆游也驰书祝贺，并寄贺诗四首，其中两首为：

其一

先生结屋缘岩边，读易悬知屡绝编。
不用采芝惊世俗，恐人谤道是神仙。

其二

山如嵩少三十六，水似邛郲九折途。
我老正须闲处看，白云一半肯分无。

武夷精舍落成之后，朱熹怀着喜悦的心情，写了《精舍杂咏十二首》，并撰写诗序，以记其盛况。之后，他即在此广收门徒，著书讲学，长达五年之久。四方学子纷纷前来求学，比如蔡元定、刘爚、黄榦、詹体仁、真德秀、李闳祖等近百人。朱熹的理学思想由此传播开来，从而形成了一个有力量、有影响的学派。以后，一批理学名家相继在武夷山中和九曲溪畔择地筑室，读书讲学，有的还以“继志传道”为己任。比如，刘爚的“云庄山房”、蔡沈的“南山书堂”、蔡沆的“咏雪堂”、徐几的“静

可书堂”、熊禾的“洪源书堂”等先后出现在武夷山。所以，武夷山在南宋时期已成为东南沿海的一座名山，后人称之为“道南理窟”。

从淳熙十年（1183年）到绍熙元年（1190年）的8年间，朱熹大部分时间均在武夷精舍讲学授徒或开展学术交流。在此期间，朱熹先后完成了《易学启蒙》《小学》《大学章句》《中庸章句》等著作。同时，还创作了《武夷精舍杂咏》等诗集。

黄榦在武夷精舍从学并协助朱熹从事一些学术研究。《文集》卷三五《答刘子澄》书九：“熹一出三月，归已迫岁……却是精神困惫，目力昏暗，全看文字不得，甚觉害事耳。旧书且得直卿在此商量，逐日改得些少，比旧尽觉精密。且令写出净本，未知向后看得又如何也。”

《勉斋集》录黄榦云：“先师之用意于《集注》一书，愚尝亲睹之，一字未安，一语未顺，覃思静虑，更易不置。一二日而不已，夜坐或至三四更，如此章‘谁毁谁誉章’乃亲见其更改之劳。坐对至四鼓。先师曰：‘此心已孤，且休矣。’退而就寝，目未交睫，复见小史持版牌以见示，则是退而犹未寐也，未几而天明矣，用心之苦如此。”文中记载的是朱熹为修改《论语集注》一书殚精竭虑、彻夜不眠的工作情景。

作为朱熹学术上的得力助手，黄榦当然不可能袖手旁观，上文实际上是他在协助朱熹担任部分研究之时记下的亲身经历。故朱熹的另一门人潘柄曾说：“文公退居山谷三十年，专讨论经典训释诸书，以惠后学。时从游者，独直卿日侍左右，纂集考订之功居多。”

绍熙元年，朱熹知漳州，黄榦相随左右。由于长年跟随朱熹，学问日精。《文集》卷三四《答吕伯恭》书十九云：“熹来

《太极图说》全文：

无极而太极。太极动而生阳，动极而静，静而生阴，静极复动。一动一静，互为其根。分阴分阳，两仪立焉。阳变阴合，而生水火木金土。五气顺布，四时行焉。五行一阴阳也，阴阳一太极也，太极本无极也。

五行之生也，各一其性。无极之真，二五之精、妙合而凝。乾道成男，坤道成女。二气交感，化生万物。万物生生而变化无穷焉。

惟人也，得其秀而最灵。形既生矣，神发知矣。五性感动而善恶分，万事出矣。圣人定之以中正仁义而主静，立人极焉。

故圣人与天地合其德，日月合其明，四时合其序，鬼神合其吉凶。君子修之吉，小人悖之凶。故曰："立天之道，曰阴与阳。立地之道，曰柔与刚。立人之道，曰仁与义。"又曰："原始反终，故知死生之说。"大哉易也，斯其至矣。

此，日间应接衮衮，暮夜稍得闲向书册，则精神已昏，思就枕矣。以此两月间只看得两篇《论语》，亦是黄直卿先为看过，参考同异了，亦为折中。"

那么，黄榦为何尊崇朱子学说呢？理由很简单，他生平追随朱熹，对朱熹的道德、学问、业绩十分推崇，把朱熹看作是自己毕生追求的、理想的人格。

太极图是以黑白两个鱼形纹组成的圆形图案，俗称阴阳鱼。该词最早出现在《易传·系辞上》中。"太极"是中国哲学史中最古老最重要的范畴之一，也是中国古代的哲学术语，意为派生万物的本源。太极图形象化地表达了它阴阳轮转、相反相成是万物生成变化根源的哲理。太极图形展现了一种互相转化、相对统一的形式美与和谐美。

周敦颐（1017—1073）的《太极图说》是一个言简意赅的宇宙发生发展论纲，全文仅200余字，却在后来被奉为"有宋理学之宗祖"，因为它是中国思想史上第一次系统、完整地论述宇宙发生、发展的著作，它对以后儒家学说的更新与发展产生了极其重大的推动作用。

也可以说，《太极图说》是周敦颐哲学思想的纲领性篇章。它阐释了其宇宙观，"无极而太极，太极动而生阳，动极而静，

静而生阴，静极复动。一动一静，互为其根；分阴分阳，两仪立焉”。由此可见，周敦颐的这些哲学思想，形成了一个比较完整的思想体系。经程颢、程颐继承发展，到朱熹集大成，形成一个完整的客观唯心主义思想体系，并成为宋代以后统治思想的理论基础。

据《周易》记载：“易有太极，是生两仪，两仪生四象，四象生八卦。”太极从此被后世的学者重视，并不断地被演绎和解读。朱子理气论是其主要思想。

朱熹对《太极图说》做了重要的发挥。一方面，他给“太极”下了明确的定义：“太极非是别为一物……只是一个理而已。因其极至，故名曰太极。”简言之，太极就是最高的“理”的总称。另一方面，他把这个所谓“总天地万物之理”的“太极”，又说成是最高的道德标准，把“太极”作为“理”和“道德”的根源。所以说，理学也称道学。理学的出现，承担了重建儒学价值体系的职能，通过对理论挑战和现实问题的创造性回应，古典儒学通过理学而得以复兴。理学能够在宋代以后获得这样的发展，正是因为它站在儒家的立场上，批判地吸取了不同思想的营养。

黄榦对“太极”这一概念也非常重视。他说：

> 易有太极，易即阴阳也。太极何尝在阴阳之先？是先两仪，何尝生一而后生二？尝窃谓太极不可名状，因阴阳而后现。一动一静，一昼一夜，以至于一生一死，一呼一吸，无往而非二也。因阴阳之二而反以求之太极所以为阴阳者，亦不出乎二也。

由此可知：第一，黄榦不同意老子所谓“道生一，一生二，二生三，三生万物”的观点。他认为任何事物的运动变化都是有“二”的，也即存在着矛盾对立面的相互作用，于是认为作为宇宙本体的太极并非先于阴阳，并非产生阴阳之母体，而是太极本身就包含阴阳，只能说“太极分阳分阴”。同样，他也不同意“太极产生两仪”之说。可见，黄榦提出的太极之体是阴阳二者，这可以说是他的一个大胆创见，是其贯彻朱子“一分为二”和朴素辩证法的结果。这种创见是对朱子学的发展，也是对朱子所论“无极而太极”观的修正。第二，对于“太极”的描述，朱熹在释其“无极而太极”时，谓“方浑论未判，阴阳之气，混合幽暗”，“太极无方所，无形体，无地位可顿放”。黄榦认为“太极”不可名状，不可形容，只有这样，“才能配至高之范畴，才能存万化之机”。从而使“太极”的本体地位不可撼动。

另外，对于“太极”和“理”的关系，黄榦全面地接受了朱熹的观点，认为“太极只是极至之理，不可形容”。这样就把作为宇宙演化论的重要范畴“太极”改造为本体论的重要范畴。并认为“理”与“太极”又有细微的差别：“理”有许多层次，“太极”则从根本上解决世界的统一性问题。他说：“统体太极，各具太极，则兼体用。毕竟统体的又是体，各具的又是用。有统体的太极，则做出各具的太极。”因此，把“太极”与“理”的关系规定为两方面：一，太极是总天地万物之理，它是从全体上言理，是最高层次的理；二，理有多层次性，低层次的理不名为太极。

黄榦还说：“其为道也，有太极而阴阳分，有阴阳而五行具。禀阴阳五行之气以生，则太极之理各具于其中。”归结了“理”与“气”，即“义理”与“性命”或“精神”与“物质”的两大哲学命题。

黄榦对朱熹理学做了进一步的发挥。说：

> 天所赋为命，人所受为性，感于物为情，统性情为心。根于性，则为仁义礼智之德；发于情，则为恻隐、羞恶、辞让、是非之端；形于身，则为手足、耳目、口鼻之用；见于事，则为君臣、父子、夫妇、兄弟、朋友之常；求诸人，则人之理不异于己；参诸物，则物之理不异于人。贯彻古今，充塞宇宙，无一息之间断，无一毫之空阙，莫不析之极其精而不乱，然后合之尽其大而无余。

从以上所述说明，黄榦对太极、阴阳、五行、理气、性命、伦理、纲常、道德诸说之间的关系，作了简洁明确的表述。合而分，分而合，由“理”与“气”二元，进而确立了道德、伦理、纲常的主体性，具有执着地追求人生精神价值的人文主义思想。

黄榦长期追随朱熹，对朱熹的道德、学问等都十分推崇，他认为朱熹的人格是最为理想的人格。可见他深受朱熹的思想影响。同样，朱熹喜欢“静坐”，黄榦亦极为推崇，还留下了许多关于赞赏静坐的言论。从其论述来看，静坐大致有两个功效。

其一，可以静心，是求学问道的入门功夫。朱熹对黄榦说：“入学工夫，须是静坐。静坐则本原已定，虽不免逐物，及收归来，也有个安顿处。”后来，黄榦亦干脆对学生明示：“用半日静坐，半日读书。如此一二年，何患不进？”那么，为什么要将静坐视为入学功夫呢？朱熹的解释非常简单明白，他们认为只有通过静坐，使内心安定，方能探究万物之理，“能存心而后可以穷理，穷理以虚心静虑为本”。对此，黄榦也非常赞同。

其二，静坐对于身心健康有益，是养生的好方法。朱熹自述、黄榦复述：“中年以后，气血精神能有几何？不是记故事时节。熹以目昏，不敢着力读书。闲中静坐，收敛身心，颇觉有力。”又说：“某今年顿觉衰惫，异于常时，百病交攻，支吾不暇。服药更不见效，只得一两日静坐不读书，则便觉差胜。”可见，朱熹在中年之后，身体状况不太好，容易疲劳，时常患病，特别是视力下降很厉害，他时常通过静坐的方法收敛身心，甚至于胜过服药的效果。

自然，如朱熹、黄榦所说的“静坐”，很容易让人联想到佛家的禅定或道家的打坐，不过，从儒家学者的论述来看，儒家所说的静坐与佛道所论还是有所区别的。一般而言，儒家的静坐对于时间、姿势、吐纳等不如佛道严格，没什么特别的要求，重点在于放松身心、清净内心而已，可以说是一种适合知识分子的简便易行的养生之道。

免讒者傷讒者亦何爲君子名愈彰

生平

生平困寡合歲晚交更少非干世俗薄自是志量小

拜文公先生墓下

暝投大林谷晨登崇如亭高墳鬱崔嵬我百拜雙淚零白楊自蕭蕭宿草何青青悲風振林薄猿鳥爲悲鳴音容以寂寞欲語誰爲聽空使千載後儒生抱遺經

答劉正之見招四絕

求田問舍兩參差末壞山頹萬古悲多謝劉郎能館我短檠疏雨聽清規

昔年從學屏山下炯炯胡劉風味長滿目青山非故國人生熟處尚難忘

君因戇直招時論我以疏愚厭俗紛萬事不須閑着眼看山白酹對西曛

石馬臺邊森古木畫寒亭下鎖晴煙紫陽不作遂菴死一醉從君話昔年

第四章

尊师崇儒，理学为宗

晦翁倡道东南，士之游其门者无虑数百人，独勉斋先生从游最久，于师门最为亲切。

悠游福州

绍熙二年（1191年），朱熹离漳州任后，黄榦应闽帅赵汝愚（1140—1196）之请，暂时离开了岳父朱熹到福州登瀛馆执教，后又移塾于叶氏悦乐堂和城东古寺。《朱文公文集》中有“近来福州得黄直卿、南康得李敬子说诱得后生多有知趣向者”。所谓“诱得后生多有知趣向”，即通过教学，引导青年心向正学，接受儒家文化。

黄榦平时喜爱游山玩水，课余常与好友一起游历，郊外美景清新自然，所看所思，留下闲情逸致的一笔——《夜宿九峰寺》，诗云：

冥逐归云入远山，九峰环立似人间。
摩挲石刻元和体，矍铄僧谭宣政间。
往古来今浑昨梦，只鸡斗酒强开颜。
明朝酌取龙湫水，直上层霄不复还。

九峰寺，又名九峰镇国禅院。据《闽都记》记载：“九峰山在府北七十里之遥，邻于龙迹山。”《九峰志》亦载：“其山高十五里，延袤六十里。”诗人夜宿九峰寺，与寺僧谈宋徽宗轶事，感慨之余，但觉古往今来好似梦一场。由于家境清贫，黄榦时常感叹，尽管有些失落，但胸中潜藏的豪情壮志依然不改，他誓要“酌取龙湫水”，“直上云霄”。随后，一行人兴致未尽，继续前行至福州北峰芙蓉山的芙蓉洞（又称灵洞岩），并作《十一日早登灵洞岩》一诗，云：

寒岩突兀山之阿，足履危磴攀藤萝。
岩下清泉响环佩，岩前古木交枝柯。

当中洞门忽开豁，上有石屋高嵯峨。
乾坤开关已呈露，鬼神守护频挥呵。
重门黯淡不可入，以火来照所见多。
出门小洞亦奇绝，神龙奋怒吞蛟鼍。
胜景如此难重过，手倚石壁频摩挲。
安得雄思如悬河，长吟大咏仍高歌。

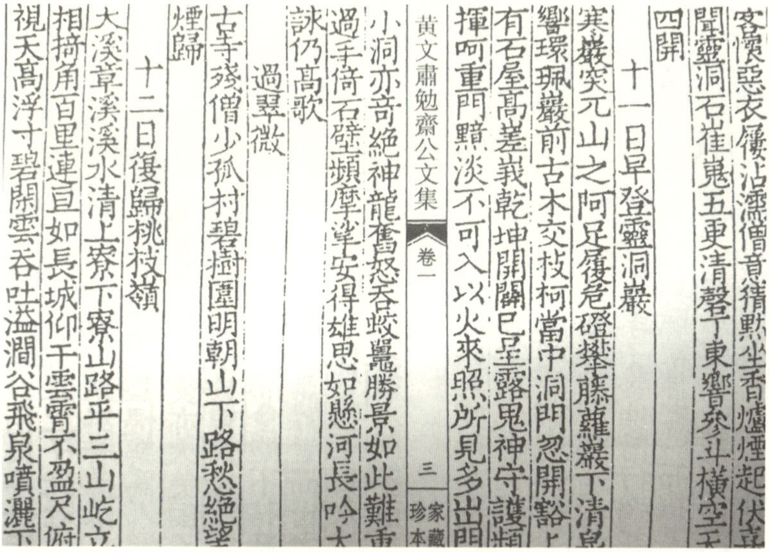
客懷惡衣屨沾濡僧意猜默坐香爐煙起伏
聞靈洞石崔嵬五更清磬丁東響參斗橫空
四開
十一日早登靈洞巖
寒巖突兀山之阿足履危磴攀藤蘿巖下清
響環珮巖前古木交枝柯當中洞門忽開豁
有石屋高嵳峩乾坤開闔已呈露鬼神守護
揮呵重門黯淡不可入以火來照所見多出門
黄文肅勉齋公文集 卷一 三 家藏珍本
小洞亦奇絶神龍奮怒吞蛟鼉勝景如此難重
過手倚石壁頻摩挲安得雄思如懸河長吟大
詠仍高歌
過翠微
古寺殘僧少孤村碧樹圍明朝山下路愁絶
煙歸
十二日復歸桃枝嶺
大溪章溪溪水清上寮下寮山路平三山屹立
相掎角百里連亘如長城仰干雲霄不盈尺俯
視天高浮寸碧開雲吞吐溢澗谷飛泉噴灑

《十一日早登灵洞岩》

黄榦寓情于景，胸中磊块倾注笔端。有清愁，有隐士之思，亦有豪情满怀，到最后的淡然和平静，传统士人的心路历程一目了然。

除此之外，黄榦还到过闽侯县境内的双髻峰游玩，因这座山是两山峰并立，像少女的双髻，美其名曰“双髻峰”。诗云：

万山环立两山高，伯仲埙篪风味多。
轩冕直能惊俗子，采薇千古不消磨。

黄榦在诗中写道，双髻峰矗立在群山环绕之中，它们就像兄弟一样不相上下，有着属于自己独特的色彩和趣味。但他写埙篪：埙为土制乐器，篪为竹制乐器，埙篪合奏声音和谐，后用以表示兄弟和睦，也代指兄弟。轩冕：古时大夫以上官员的车乘和冕服。采薇：殷末，孤竹君二子伯夷、叔齐，反对周武王伐纣，曾叩马而谏。

到这，将笔锋一转，说官位和爵禄只会让凡夫俗子羡慕、向往。归隐这种高士崇尚的生活方式千年来都有它存在的价值。由此看来，黄榦对自己充满了信心，但他也知道自己存在的意义，不会因为时间和空间而消耗、磨灭，这种超然物外的情怀让人感受到他的洒脱和清高。

赵汝愚为什么会邀请黄榦来福州执教？当中别有缘故。

深藏在福州鼓山沟壑之下的“喝水岩”。岩上题刻史话中，有一段堪比伯牙和子期高山流水的知音佳话——朱熹与赵汝愚的君子之交。赵汝愚，南宋宗室名臣、学者，宋太宗八世孙，汉恭宪王赵元佐七世孙，为昭勋阁二十四功臣之一。朱熹曾多次到福州讲学，他与两次担任福州知州兼福建安抚使的赵汝愚既是师生又是好友。文献记载：“赵汝愚在福州，百废俱举，孜孜国事，殆不多得。”朱熹在《次赵汝愚开西湖》诗中，称赞赵汝愚疏浚西湖“百年地辟有奇功，创见犹惊白发翁”。时至今日，两人的题刻仍并列于鼓山喝水岩观音阁东边石门附近的岩壁上。一方为淳熙十四年（1187年）朱熹所书：“淳熙丁未，晦翁来谒鼓山嗣公，游灵原，遂登水云亭，有怀四川子直侍郎。同游者清漳王子合，郡人陈肤仲、

鼓山石刻

潘谦之、黄子方、僧端友。”其中“晦翁”正是朱熹本人，“嗣公”指的是涌泉寺住持元嗣，“子直侍郎”便指的是赵汝愚。

原来，当年因受谤而隐居多年的朱熹，辞掉江西提刑的任命，匆匆来福州拜见知州赵汝愚。不料一年之前赵汝愚已调任四川制置使。于是，朱熹率门生王子合、陈肤仲、潘谦之、黄子方等人，登鼓山拜谒赵汝愚礼请来的住持元嗣方丈，又登上赵汝愚建造的水云亭，睹物思人，留下这方石刻，表达怀想之情。

三年后（1190年），赵汝愚再次入闽任职，他又登上鼓山，看见朱熹留下的题刻，大为感动，想到远方的朱熹和逝世的元嗣禅师，感慨万千，留下另一方题刻：

几年奔走厌尘埃，此日登临亦快哉。
江月不随流水去，天风直送海涛来。
故人契阔情何厚，禅客飘零事已灰。
堪叹人生只如此，危栏独倚更徘徊。

可以看出，此诗抒发了赵汝愚自己多年政治生涯中壮志未酬的惆怅心情，以及对师友朱熹、鼓山住持元嗣等人的思念情怀。诗中的“故人”指的便是朱熹，“禅客”则是当时已圆寂的元嗣禅师。

后来，朱熹再次登临鼓山，看到自己题刻旁边赵汝愚的诗作，心潮如海，就从“江月不随流水去，天风直送海涛来”的诗句中，挑出“天风海涛”四字，书写镌刻在绝顶峰的石崖上，并注明：“晦翁为子直书。”可见，朱熹和赵汝愚在不同时间的同岩题刻中，跨越时空传达了真挚的友情，让后世感动！

所以，黄榦在福州讲学的这一年，从某种程度上来说是岳父朱熹的关系才得到赵汝愚的大力关照。赵汝愚政事之余，常与黄榦一起登山望月，抚琴弄弦，吟诗诵词，讨论天下大事。此外，

黄榦教导学生学习要持之以恒，常将学问比作登山，不能半途而废。如果说，知识的宝藏在崇山峻岭的深处，那么求学登山的人必须努力，勇往直前，最终才能获得探索的本领。比如，黄榦写的《游鼓山登大顶峰》，诗云：

登山如学道，可进不可已。
悬崖更千仞，壮志须万里。
平生石鼓怀，独酌灵源水。
峨峨大顶峰，欲往辄中止。
今朝复何朝，击楫渡清泚。
好风从西来，缥缈吹游子。
褰裳涉危巅，万象皆俯视。
东南际大海，日月旋磨蚁。
烟云隔洲渚，历历犹可指。
城中十万家，嚣杂不到耳。
郊源与廛市，琐碎如聚米。
同来皆良俦，得酒共欢喜。
深林更叫啸，磐石恣徙倚。
摩挲陈公碑，岁月为我纪。
更持末后句，归以铭吾几。

在这首诗的后面，有黄榦自注：“陈烈先生登此山，纪岁月于石上，其略云‘鼓岃崱，鼎峰特，岁辛亥，帝司赤’。”

那是盛夏的一天（即绍熙二年1191年），黄榦登临鼓山，抚摸着北宋先贤陈烈先生留下的碑刻，感慨万千。回忆起自己追随朱熹求道、讲学、编书，心中思绪万千，“济苍生、安社稷”一样也是他的情怀，山河破碎，黄榦一样也有着“击楫中流”的宏伟志向。此时与好朋友一起出来游玩，一起喝酒作乐，多么开心！在茂密的丛林中放声高歌，在厚而大的石头前徘徊逡巡！

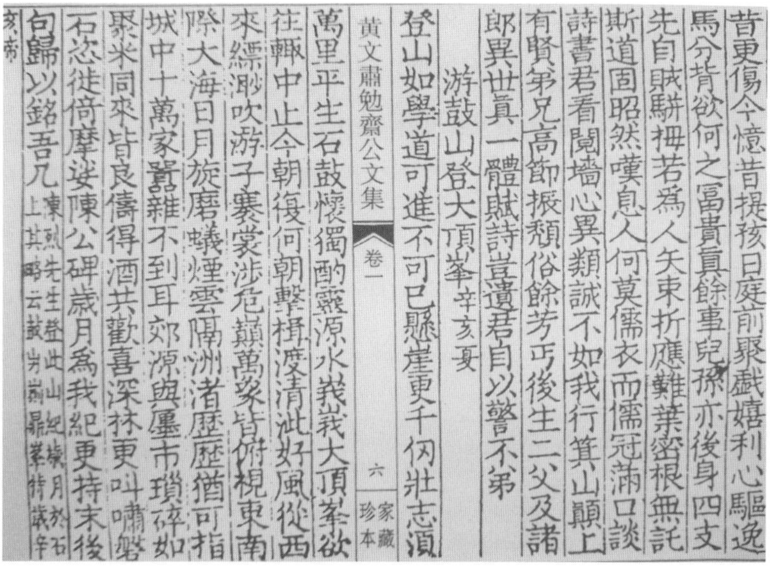
昔更傷今憶昔提孩日庭前聚戲嬉利心驅逸馬分背欲何之富貴真餘事兒孫亦後身四支先自賊駢拇若爲人矢束折應難葉密根無託斯道固昭然嘆息人何莫儒衣而儒冠浦口談詩書君看閱墻心異類誠不如我行箕山巔上有賢弟兄高節振頹俗餘芳丏後生二父及諸郎異世真一體賦詩豈遺君自以警不弟

游鼓山登大頂峯 辛亥夏

登山如學道可進不可已懸崖更千仞壯志須萬里平生石鼓懷獨酌靈源水峩峩大頂峯欲往輙中止今朝復何朝擊揖渡清泚好風從西來縹渺吹游子褰裳涉危巔萬象皆俯視東南際大海日月旋磨蟻煙雲隔洲渚歷歷猶可指城中十萬家囂雜不到耳郊源與墨市瑣碎如聚米同來皆良儔得酒共歡喜深林更叫嘯磐石恣徙倚摩挲陳公碑歲月爲我紀更持末後句歸以銘吾几 陳烈先生登此山紀歲月於石上其略云鼓山巔嶺暴峯特歲辛

黄文肅勉齋公文集 卷一 六 家藏珍本

《游鼓山登大顶峰》

黄榦以昂扬的情绪抒发了自己刻苦攻读，希望以后能报效国家的远大志向。他鼓励同来的朋友们，世间的各种事务只是很琐细的小事，不要被世俗牵绊，要心无挂碍，一心向学。黄榦把抗金收复失地的壮志深藏于心，并将陈烈先生留下的手迹作为座右铭激励自己！

代即讲席

绍熙三年（1192年），朱熹因长子朱塾（1153—1191）英年病逝，精神上受到巨大的打击，悲痛至极，哀叹道：“天丧予！天丧予！”那时，朱熹已辞去漳州知州之职来到建阳，居住在一个名叫“考亭”的村庄。

这年六月，朱熹在清澈的溪河中心一个沙洲上建造起一座

教学点，起初命名为“竹林精舍”，这是他一生中创办的最后一所书院。从此，这里又成了四方学子新的朝拜圣地，朱熹又开始了学术著述。黄榦也在此“代即讲席”，担任了大半部分的教学工作。比如，绍熙四年（1193年），南城包扬率其徒子徒孙14人来竹林精舍就学，包扬请朱熹讲解《论语·有子》章，而朱熹即指定黄榦为之代讲。他说：“直卿与相聚多年，平时看文字甚仔细。数年在三山（福州），也煞有益于朋友，今可为某说一遍。”于是，黄榦为之宣讲“此章之旨，复历叙圣贤相传之法”。

黄榦始终勤勤恳恳地教学，他的德行、才干征服了前来听讲的学子，声名逐渐远播。

身为教书先生，黄榦的喜怒哀乐与国家命运的兴衰起伏相融合，表现了一份赤诚的忧国忧民之心。“秦山忽破碎，泾渭不可求。俯视但一气，焉能辨皇州？”道出了山河破碎，统治者腐败昏庸，黑白不明清浊不分，民不聊生，国家政治黑暗。可惜，那时掌权者未能采纳他的建议，反而加以妒忌、诋毁。

无可奈何，他只能在教学中让学子们感受现实的社会问题与弊病，让他们通过努力学习去改变一些不合理的制度。师生情绪日益高涨，学风蒸蒸日上。

书院是中国封建社会中儒家学者为研究和传播儒学思想而创立的一种教育机构和组织形式。通常由名儒以私家之力创建而独立于官学系统之外。书院制度萌芽于唐代而盛行于宋代。南宋时期，伟大的思想家、教育家朱熹在建阳一带结庐讲学，创建书院。就这样，理学中最大的学派逐渐在建阳考亭形成，这就是“考亭学派”，建阳也因之有了“南闽阙里”的美称。

因此，以朱熹为主的学派，也称理学为朱子学、闽学。闽学以孔孟儒家思想为核心，又吸收佛、道及诸子之说的优点，加以创造性地发挥，创立了博大精深的思想体系。闽学综合了前人研究的成果，深入时代社会内部，抓住时代的根本倾向问题进行研究，体现了时代的精神，建立了新的哲学体系。应该说，理学家是精读了“四书”和“五经”，但又跳出儒家读经穷理的苦海，从理性的高度对自然界和人的本质，以及人和自然、社会的关系，做了比较深入的探讨，达到过去哲学所未达到的高度和水平。

朱熹在晚年因遭受“庆元党禁”的迫害而不幸在贫病交加之中逝世。但由他所创建的集儒家传统学说之大成的闽学思想体系，由他所开创的考亭学派却没有因此而中断。当时的思想界，迫切需要一位能率领考亭学派继续前进的领袖人物。这个重任，就落在了朱熹的高弟——黄榦的肩上。

可以说，黄榦不仅有志坚思苦的品性和匡世入时的政绩，还具有缜密的思维。据《宋史》卷四百三十载，朱熹编《礼书》时，叫黄榦编写《丧》《祭》这两篇。黄榦完稿后，朱熹一看非常高兴，说：“所立的规模次第，缜密而有条理。以后应将所编的家乡、邦国、王朝礼等篇，全部仿效黄榦这种写法。”

从此，朱熹为了方便与黄榦学术交流，并且能够互相照顾，翁婿二人相约终老相从之计，黄榦准备在朱熹宅居附近买地盖房，安家落户，彼此为邻。时人称：“晦翁倡道东南，士之游其门者无虑数百人，独勉斋先生从游最久，于师门最为亲切。”

绍熙五年（1194年），建阳竹林精舍因扩建而改称为沧洲精舍。当一切准备就绪后，朱熹异常激动，立马写信告诉黄榦：“见谋于屋后园中作精舍，规模甚广，他时归里，便可请直卿挂牌秉拂也。作此之后，并为直卿作小屋，亦不难矣。”所谓“挂幅巾，又称巾帻，或称帕头。多裁取一幅即长度和门幅各三尺的丝帛做成。从额往后包发，并将巾系紧，余幅使其自然垂后，垂长一般至肩，也有垂长至背，用葛布制成，称为“葛巾”，多为布衣庶人戴用。用细绢制成，称为“缣巾”，多为王公雅士戴用。宋代以后，深衣幅巾是士大夫家冠婚、祭祀、宴居、交际服。古代农历每月的初一和十五的释菜礼，儒生都穿戴幅巾深衣祭祀孔子。

牌秉拂”，即《宋史·黄榦传》中所说的“请直卿代即讲席”。

可见，朱熹对黄榦的器重和黄榦在学术上已有很深的造诣。朱熹明确提出“传心”二字，并说：“学未传心，言徒在耳。”黄榦在阐述“心法”时认为：“见得荣辱是非得失利害，皆不足道，只要直截此心无愧无惧，方见得动静，语默皆是道理。”这就把学术与做人结合在了一起，要做到无愧无惧，那么即使是沉默不语也都是道理。

除此之外，黄榦对朱熹的日常生活细节也做了许多描述。“其闲居也，未明而起，深衣幅巾广履”。早起后则“拜于家庙，以及先圣”；然后“退坐书室，几案必正，书籍器用必整”；“其饮食也，羹食行列有定位，匙箸举措有定所”；“倦而休也！照且端坐；休而起也，整步徐行”；“中夜而寝，既寝而寤，则护念而坐，或至达旦”，“威仪容止之则，自少至老……未尝有须臾之离也”。由此朱熹在日常生活和教学中修身以礼，可见一斑。

黄榦对朱熹日常生活描述得如此细致，其实是暗借《论语·乡党》的笔法，将朱熹比作圣人孔子。

在南宋闽北群星璀璨的书院中，无论规模还是影响力当首推沧洲精舍（后称考亭书院），它是朱熹继建阳寒泉精舍、崇安武夷精舍之后创建的第三所书院。由于这时期是朱熹思想最成熟、阅历最丰富、学识最高端的时期。因此，沧洲精舍声名远播，四

建阳考亭书院

方学者趋之若鹜。据考证：朱熹在创建沧洲精舍前后的门生多达214人。其中有不少是从江西、浙江、安徽、江苏、湖南、湖北、广东、四川等远道而来。有的是从武夷精舍、寒泉精舍时就追随朱熹，有的去而复来。即便在庆元党禁之时，门生仍络绎不绝。在考亭讲学期间，“诸生自远而至者，豆饭藜羹与共”，“家故贫，箪瓢屡空，晏如也”。然而，朱熹仍以极大的毅力，“为诸生讲论，多至夜分”。朱熹在考亭除了传道授业，更注重著述刻书，留下《书集传》《楚辞集注》《礼书》《伪学籍》《辩正》《后语》等多部著作，并编写部分教材刊刻问世。其一生最重要的著作《四书集注》也刊刻于考亭时期。这些著作对形成闽学学派起到了关键作用。后来，朱熹病逝，黄榦、蔡沈等人接过沧洲精舍的接力棒，继续发扬光大。

随着沧洲书院的生员日渐增多，教学几乎由黄榦一人担任，可谓劳苦功高。朱熹多病，自号“沧洲病叟”，并说：

“春昼五湖烟浪，秋夜一天云月，此外尽悠悠。永弃人间事，吾道付沧洲。”这里的“沧洲”，含有朱熹隐居讲学传道的意思，由此可窥见他对女婿黄榦的器重。另外，朱熹还亲撰《沧洲精舍告先圣文》，其祝文开场曰：“后学朱熹，敢昭告于先圣至圣文宣王：恭惟道统，远自羲轩（源自伏羲及轩辕黄帝）。”又在《大学章句序》里说：“此伏羲、神农、黄帝、尧、舜，所以继天立极。”

朱熹在这篇文告中祭告孔子等先贤，提出了自己构建的“新道统”论这一伟大创新理论，“新道统”论在尧舜禹汤之上增加了伏羲氏，形成了一个“伏羲——神农——黄帝——尧——舜——禹——汤——文王——武王——周公——孔子——颜回——曾参——子思——孟子——周敦颐——二程——朱熹”的中国道统思想谱系，其伟大之处就在于天才地把儒家传道系统的根深挖到远古伏羲氏这个人文始祖之处，把儒家道统的“道”溯源到《易经》这个民族文化的活水源头之处，从理论上廓清了民族虚无、历史虚无、文化虚无的阴霾，牢固奠定住儒家道学（程朱理学）在中国文化思想史上的正统指导地位，昭示出中华民族无论是在过去、现在，还是将来，都有世代传承的核心价值，有伴随着民族的诞生延续至今的生命源泉，它就是千年不移的“道”、万世永续的“理”，它生生不息、与时俱行、顺应天时、不断创新。

学子们对知识的如饥似渴，激起了黄榦对现状教育的更加关注。当时好多州县地瘠民贫、文化落后，许多人都求学无门。想起自己当年求学的艰辛，黄榦呕心沥血、任劳任怨，办学规模、校风、学风及成效在当时的全国首屈一指，培养出了一批批优秀的学子。

师友问答

朱熹的理学思想体系的形成，是和他在各地创建书院、广招生徒、相互研讨和著书立说的教育实践密不可分的。和朱熹一样，黄榦的传道卫统、继往开来的学术成就和功绩，也与他后来在各地创建书院、执教讲学的学术生涯息息相关。

沧洲精舍的学子们从朱熹、黄榦交游。一时间，这里群贤毕至，形成学术史上具有重大影响的考亭学派。考亭学派中被称为“沧洲诸儒”的朱熹门徒也都赢得理学家的美名，从而彪炳中华哲学思想史册。

有的学子第一次拜见黄榦时，就将自己平生所治学问和对《易经》的理解向他请教。比如，一位学子首先说自己研究的是两汉文化，读的主要是老子、庄子、荀子等圣贤之书，接着就把自己所著之书中所发见的独到见解以及对《易经》的理解一一介绍。

黄榦批评说，老庄之说明哲保身且故作神秘，荀子认为“人性恶”而失去对善良的希望则显得太过悲观。黄榦主张读书人要时刻系念天下，常引用辛弃疾的词“郁孤台下清江水，中间多少行人泪。西北望长安，可怜无数山”来勉励众人。但他没有因为这个学子所学的是老庄之学而将其拒之门外，相反对于这位年轻学子能够追本溯源，抱《易经》前来学习这一渴求知识的精神大加鼓励。

他对这个学子说，既然来游学就要笃志于道学。不久，该学子就在考亭与黄榦成了切磋琢磨学问的挚友，一起钻研“太极本体论”与“理一分殊学”。

沧洲精舍学子如此众多，与黄榦的教学有重要的关系。黄榦课余与学子们一起诵经论文，他们的勤奋、好学以及后来在勉斋学派中积极阐扬“太极本体论”“理一分殊”，为理学的发展做出了杰出贡献。考亭书院以“十问”为主体构成了《师友问答》的主要内容。以下便是学生向朱熹、黄榦请教的对话——

问入道之门

学生：大学一书，包孕圣功王道，何以云初学入德之门。

老师：凡人居处，有门必有路，识得路，方到得门，到得门，方升得堂、入得室。大学纲领条目，是门也，本末先后，是路也，格致、诚正、修齐、治平，是堂也，明、新、至善，是室也。初学便学论语，望洋向若，无有涯涘，如何循途历级，从容驯至，扶进高深，若不得其门而入。将伥伥乎其何之。

这大概是学生初见老师时的提问，以为大学规模广大，如何却为入道之门，朱子一向主张为学顺序是《大学》《论语》《孟子》《中庸》。《大学》用功最深，因为学者根基在此，读书必先明白门径。正所谓，读圣贤书，立修齐志，升堂入室，此处把“格物、致知、诚意、正心、修身、平天下”比喻为堂，亦即“学问堂奥”，而明明德、新民、止于至善为入室，说明学子在初见朱熹、黄榦即从师门把握到了为学的根基所在。

问学问之道

学生：人不学不知道，学在读书上见，道在行事上见，必读书然后可行事与？

老师：固也，然学即学其道，非作两截，无论读书，无论行事，恁地皆是道，恁地皆是学，果于经史典籍，潜心玩索，日用云为，细意体察，自能穷天下之理，致吾心之知，岂谈空说玄之谓道、钩深索隐之谓学哉？

学子们对于读书在何处用力产生了疑问，亦即所谓学而时习之，习之于何处，老师（朱熹、黄榦）明确表示必须老实读书，勿悬空说理。这与朱熹的一贯立场相符，潜心玩索，日用云为，正是从事于字句文义之间，体察于日用平常之际。

问如何复性

学生：为学工夫，须是有起端处，人心之五常，犹天运之五行，迭相为明，循环无端，初学复性，从哪一端下手？

老师：始条理者，智之事也，人而智，则见理明，恁地欲为仁，便认真有个仁，欲为义，便认真有个义，欲为礼，便认真有个礼，欲为信，便认真有个信，因物所照，审端用力，知得去向，自不迷于所往。易文言曰，体仁足以长仁，利物足以和义，嘉会足以合礼，贞固足以干事，仁义礼信而不及智者，智居乎其先也。

此处学子问为学复性工夫，须从何处下手，老师答云智居乎其先，必先认得理明，知得去向，自不迷于所往，所谓趋向正，实有之，则庶几矣。

问主敬与致知

学生：伊川涵养须是主敬，进学则在致知，主敬致知，殆亦非两截事与？

老师：主敬则心静，致知则理明，心静理明，知以涵养而益深沉，然敬非终日危坐，游心淡泊，必有事焉，神不外驰，而说心研虑，时时有新得也。

学子对于所谓程门指诀，涵养须用敬，进学在致知，为二为

一产生疑问，朱熹、黄榦指示二者交相并进，相养相得。

问主敬与主静

学生：周子主静，程子主敬，二说各愿闻其大概。

老师：屏思虑，绝纷扰，静也；正衣冠，尊瞻视，敬也。致静以虚，致敬以实，然此中皆有诚实工夫，岂摸形捉影而得。周子静，则礼先乐后；程子敬，则自然和乐，和乐、礼乐，非尔所及，但时时收敛，将身心摄入静、敬中，正心诚意，久之自有进步处。

学子问主敬、主静之大概，老师答云二者无论内外，皆有诚实工夫，所谓收敛，收拾放心，久之自有进步。

问知行

学子：自思尊闻行知，奈一日之间，闻而知之者分数多，尊而行之者分数少，因想子路有闻，未之能行，唯恐有闻，直是学不得底。

老师：天下事理，有为吾所合知合行者，闻斯行诸可也，如此事知其当如此行，值事不我属，如何拿定要行，若遇行事时，苦于窒碍，则又不可无知妄作，或商以师友，或证以古今，又何尝不是尊所闻，行所知。

学子问苦于知多行少，老师答道相机行事，不可鲁莽无知而行，才是尊所闻，行所知。

问仁

学生：程子言仁曰心，譬如种谷，生之性，便是仁，阳气发处，乃情也。

老师：岂唯谷种，凡果实核内，其中心皆曰仁。

学生：医家谓手足痹痿曰不仁，其形象不与谷种果核反对？

老师：仁是性之生发流通者，谷种果核，能生发也，手足痹痿，不流通也。

此处问答涉及先生识仁篇以来一贯思想，尤其是医家谓手足痹痿曰不仁，而能天地人我万物一体，或近乎仁。

问义利之辨

学生：义利之辨，为吾儒第一关头，学者讲求有素，所见非不分明，及处事却又模糊，何也？

老师：只缘见不分明耳，若分明，如薰莸触鼻即闻，旨否入口即觉。

学生：然则向所见为义者非义，见为利者非利乎？

老师：此又何尝不是，只见其大略，曰此是义，此是利，究竟几微分际，尚未甚黑白。

学生：几微分际何在？

老师：在公私间，以公心出之，利亦是义，以私心出之，义亦是利。

学生：若是，公私在心，义利在事，心不应事，事不应心，奈何？

老师：大学戒自欺，求自慊，知之真，行之力，不待处分其事，一动念，早自义利判然，至若舍利取义，已属事后应迹。

学子听后心喜，称快而退。

问迁善改过

学生：敢告先生，某向年于众情酬酢之地，口虽不言，私下一一对勘，常觉得自家尽有好处，别人尽有不好处，今虽渐减，亦时或微微有此意思。

老师：是慝也，是最不好，如何反说自家尽有好处。

学生：先生何以教之？

老师：攻其恶，无攻人之恶，非修慝与。

问遗事

黄榦站在朱子身边，已而徐语先生曰：“尔辈用工夫，不要把合底事看得惊惶，只当作日用饮食，人生本应如此，元初离不得，有事勿正，略著一形象，生一计较，不急遽即惰慢，忘助两病症，一时俱到矣。”

如今，现存的《师友问答》被分别选入明末清初大学者黄宗羲《宋元学案》之《晦翁学案》《沧洲诸儒学案》《伊川学案》《横渠学案》《范吕学案》《蜀山学略》等。

捍卫理学

考亭书院开课一段时间后，朝廷下旨召朱熹任焕章阁待制兼侍讲，专门为宁宗皇帝讲解经史。朱熹赴任时带黄榦入京，向皇帝奏补女婿为“迪功郎”，补授监浙江台州酒库，开始了仕宦生涯。这一年，黄榦刚满43岁，正是一个人生命中谱写宏阔雄壮的交响乐章的阶段。

即使这样，黄榦还一再推辞，认为“居官未足以行志，而枉费心力于簿书米盐之间，孰若隐居山林讲学问道之为乐哉！”在黄榦看来，如果“平日居正位，行大道，则得失、利害、祸福皆不足以动其心”。时人皆以“其进退浩然，非爵禄之所能羁縻也”。最后，在诸人的劝说下，黄榦也考虑到将来一家老小的生计问题，便应允了下来。

据《勉斋集·年谱》载：“时黄榦以恩荫补将仕郎。次年（1195年）四月授迪功郎监台州户部酒库；五月，朱熹赴湖南潭州任荆湖南路安抚使，黄榦随行；十一月，朱熹奉祠居家，黄榦自京还，留朱熹之侧。”

然而，世事难料，一切都不能一帆风顺。朱熹作为皇帝的老师，讲解理学仅46天后，即被罢去官职，重新回到建阳考亭讲学著述，从此真正息影山林。

庆元元年（1195年），外戚韩侂胄为了排除异己，将心性耿直的忠臣贬谪。朱熹对他的做法极为不满，上疏斥言窃柄之失，触韩之忌，韩侂胄指使党徒攻击、污蔑朱熹，公然宣布朱子学为“伪学”，朱熹的门生为“逆党”，主张斩朱熹之首，以绝朱子学。《宋史·黄榦传》载，朱熹晚年政治上受迫害，他的学说被打成“伪学”，身体也受到很大摧残。

“伪学逆党”案，又叫庆元党禁，禁的是“伪学逆党”，有名有姓载于史册的总共59人，其实远远不止这个数。“逆党”之党首，史书上说的有赵汝愚、留正、周必大、王蔺四位，首中之首，当推赵汝愚。“伪学”就是说的程朱理学，其代表人物或精神领袖便是朱熹。

可以说，庆元党禁是朱熹进入暮年的政治生活上的重大挫折。他虽被削去秘阁修撰的官职，被夺去了武夷冲佑观的俸禄，但他无怨无悔，仍倾全力先后完成了《仪礼经通解传》《伪学篇》和《韩文考异》等著作。

庆元党禁发生期间，朝廷权贵对理学掀起了一场史所罕见的残酷清算，理学遭到无情的打击，朱熹被诬为“伪学之首”。朱熹自身难保，门生更是岌岌可危，坐牢的坐牢，流放的流放，从学者无奈改换门庭，或弃朱熹而去。对此黄榦在《答曾伯玉借长

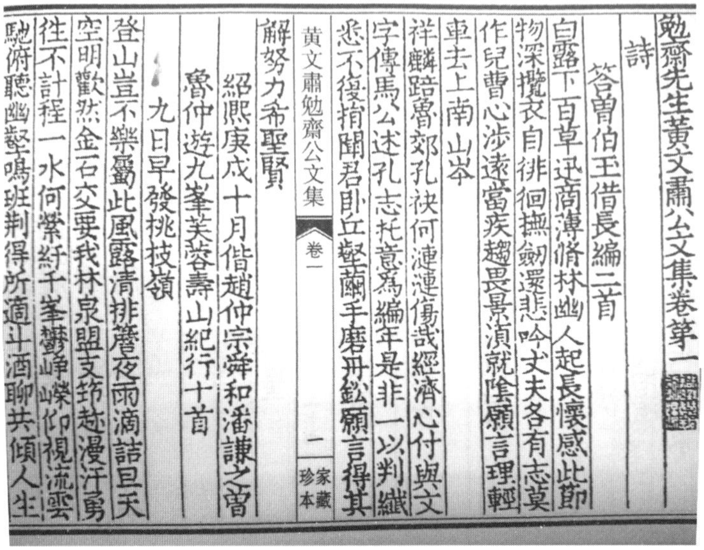

勉齋先生黃文肅公文集卷第一

詩

答曾伯玉借長編二首

白露下百草迅商薄脩林幽人起長懷感此節物深攬衣自徘徊撫劍還悲吟丈夫各有志莫作兒曹心涉遠當疾趨畏景須就陰願言理輕車去上南山岑

祥麟踣魯郊孔袂何漣漣傷哉經濟心付與文字傳馬公述孔志託意為編年是非一以判纖悉不復捐聞君卧丘壑繭手磨丹鉛願言得其解努力希聖賢

黃文肅勉齋公文集　卷一　二　家藏珍本

紹熙庚戌十月偕趙仲宗舜和潘謙之曾魯仲遊九峯芙蓉壽山紀行十首

九日早發挑技嶺

登山豈不樂竊此風露清排簷夜雨滴詰旦天空明歡然金石交要我林泉盟支笻越漫汗勇往不計程一水何縈紆千峯鬱崢嶸仰視流雲馳俯聽幽壑鳴班荊得所適斗酒聊共傾人生

《答曾伯玉借长编二首》

编二首》诗作中表达了他的情感。

其一

白露下百草，迅商薄修林。

幽人起长怀，感此节物深。

揽衣自徘徊，抚剑还悲吟。

丈夫各有志，莫作儿曹心。

涉远当疾趋，畏景须就阴。

愿言理轻车，去上南山岑。

其二

祥麟踣鲁郊，孔袂何涟涟。

伤哉经济心，付与文字传。

马公述孔志，托意为编年。

是非一以判，纤悉不复捐。

闻君卧丘壑，茧手磨丹铅。

愿言得其解，努力希圣贤。

迅商：谓迅疾的西风。商，商风，即西风。幽人：指幽居之士。节物：各个季节的风物景色。畏景：比喻艰难的处境。祥麟：指瑞兽麒麟。涟涟：泪流不止貌。马公：神名。托意：借事物以寄托感情。丘壑：谓隐逸。丹铅：指点勘书籍用的朱砂和铅粉，亦借指校订之事。

曾伯玉，史无留名，应该是朱熹门生，在险恶的环境中，在官府的打击下，他不敢追随朱熹，选择了远遁、隐居，临行前找到同门黄榦告别，黄榦遂以此诗相送。

第一首，入眼即是凄清的秋天景色，衬托了作者心中的萧瑟之意。秋天的露水浸透各种花木，迅疾的西风把茂密的树木都削薄了，可见那一番秋意，草木凋零，落叶纷纷。在这样浓重的秋色中，幽居的诗人怎能不引发无限忧思？他披衣起身，来回走动，字里行间可以感受到作者情绪波动，他抚着腰间的佩剑，感慨良多：大丈夫各有志向，无须做儿女态。诗句的最后表现了黄榦对同门的深厚情谊，他切切叮嘱：走远路当急速前进，遇到艰难的处境就要躲起来，希望你驾着轻快的车子，去到南山隐居起来。

第二首，麒麟是中国古代神话传说中的祥兽，有时用来比喻才能杰出、德才兼备的人。鲁国是姬姓“宗邦”，诸侯“望国”，故“周之最亲莫如鲁，而鲁所宜翼戴者莫如周”。鲁国成为典型周礼的保存者和实施者，世人称“周礼尽在鲁矣”。麒麟主太平，瑞兽麒麟在鲁国的郊外跌倒了，暗喻道统衰微，一代儒宗在血雨腥风中陨落，孔子能不涕泪涟涟？

第二首诗流露出的是，面对现实，黄榦只能把自己无法实现的经世济民宏愿，都托付于这文字中。“马公”是老百姓祭祀的神仙名字，这里应该暗指朱熹。朱熹病重，但平生所学后继有人，亦深感快慰，他将所著《礼书》底本托付黄榦，并留手书：

“吾道之托在此，吾无憾矣！”曾伯玉归隐，依然会做些勘校文字的工作，这是让黄榦颇为欣慰的地方，他殷切希望曾伯玉能有所得，效法圣人，终将有所作为。

全诗弥漫着悲伤和无力的情绪，却不曾放弃希望。黄榦的诗和他的性格一样朴素自然，沉静若水。读诗犹如读人，黄榦的高士形象扑面而来。

在朱熹艰难时期，黄榦义无反顾地紧随朱熹身边，继续收徒讲学。黄榦说：“先生去国，侂胄势益张。鄙夫佥人迎合其意，以学为伪。谓贪黩放肆乃人真情，廉洁好礼者，皆伪也。科举取士，稍涉经训者，悉见排黜；文章议论，根于义理者，并行除销；六经语孟，悉为世之大禁，猾胥、贱隶、顽钝之徒，往往引用。”他又说：“侂胄志气骄溢……几危宗社，而生灵涂炭矣。”一针见血地揭露了韩侂胄一众奸党的险恶用心和卑劣行径，表明了黄榦坚定地支持朱熹的立场和态度。

在这期间，黄榦十分努力地学习和传播朱熹的学术思想，他发现朱熹的思想体系在提倡“礼”的基础上，更加重视“理”，强调“天理”是自然的根本，要求“人欲”应该服从“天理”。而孔孟思想体系中虽然也重视“理”，但是却更为注重“礼”，强调教化的功能。黄榦认为，朱熹的“理学”思想与孔孟儒家思想其实是一脉相承的。黄榦认真研究了“四书”“五经”，从《大学》出发，佐证和完善朱熹的理学论述，使得朱熹的理学思想真正是对孔孟儒学的发展。

“庆元党禁”伊始，朱熹的友人、丞相赵汝愚受到贬谪并被迫害致死。朱熹的《四书集注》等一批理学书籍遭到禁毁。赵汝愚已死，朱熹成为韩党进一步搏击邀功的对象。接着，监察御史沈继祖列举了朱熹“不忠、不孝、不仁、不义、不恭、不谦”六大罪状，还捏造了朱熹“诱引尼姑，以为宠妾”的谣言。于是，朱熹受到落职罢祠的不公正处理。

朱熹学派的许多人因之受到牵连，或坐牢或流放。风声日紧之时，朝中甚至有人发出将朱熹问斩的叫嚣。此时，朱熹本人虽对此泰然处之，但作为朱熹的爱徒和女婿的黄榦，却不能不为恩师、岳父的安危深感担忧。

庆元二年（1196年），黄榦秘密地在建阳莒口河坝建造了一间草堂，以备情况危急之时可作为隐退著书之地，这便是潭溪精舍。

潭溪书院原名潭溪精舍，地处崇泰里莒口（今建阳市莒口镇）河坝。潭溪的得名，源于崇安（今武夷山）五夫里有一条小溪，名潭溪。黄榦从南宋淳熙三年（1176年）拜师之日起，一直在潭溪之畔的五夫紫阳书堂内从学于朱熹。碧波荡漾、奔流不息的潭溪水录下了他“夜不设榻，衣不解带，常通宵达旦”而日夜苦读的身影。

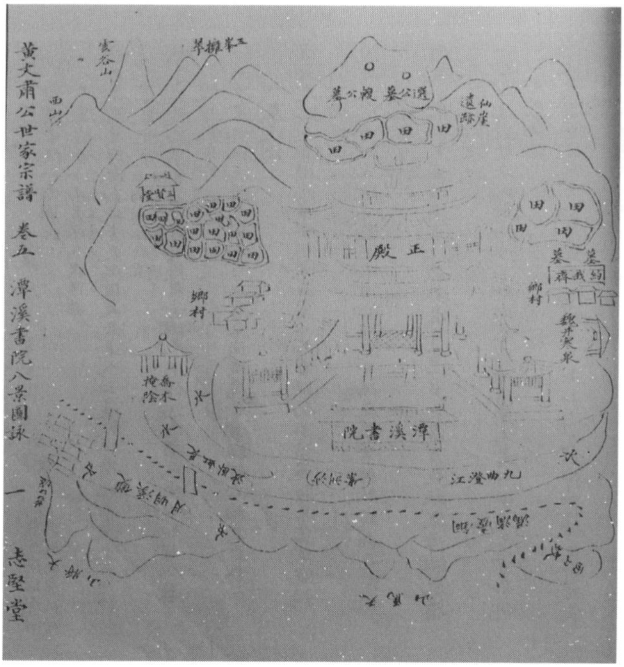

潭溪书院地形图

朱熹在建阳隐居山林期间，黄榦往来于福州、建阳两地。庆元三年（1197年）春，朱熹为黄榦“筑室于考亭新居之旁”。《续集》卷一《答黄直卿》书云：“闻欲迁居此来，甚慰，不知定在何日也。”《文集》卷六四《答巩仲至》云：“直卿久不得书，闻有徙家之兴，此固所欲，但于渠聚徒之计，则恐失之便，无以为生，亦须细商量耳。”之后，由于种种原因，黄榦一直拖延至庆元五年十一月才搬到考亭新居。

庐墓传道

庆元三年（1197年）夏，黄榦从任上回乡奔母丧守孝，这期间仍有许多学子慕名前往求学。在母亲的墓旁，黄榦搭了一间临时草舍，为前来求学的众多弟子授课。

黄榦说，人类所生活的世界是丰富多彩、变幻无穷的，世界上的事物又是千差万别、形形色色的。在自然界里，有光华灿烂的日月和浩瀚的星群，有雄伟秀丽的山川和各类草木禽兽，在社会中，活动着熙熙攘攘的人群和面目各异的人物……

此时，有学生问究竟什么是“理”？

黄榦整理了下思路，回答道：先生（朱熹）认为，理是万事万物所以如此的根据。没有“理”，也就没有事物。例如椅子有四只脚，可以坐，这就是椅子的理。如果去掉一只脚，不能坐了，便失去了椅子的根据和道理，就不是椅子了。又比如铜镜能照人，有铜镜的理；木板不能当作镜子照，因为木板没有可以照人的“光底道理”。“唯其理有许多，故物有许多”。“做出那事，便是这里有那理。凡天地生出那物，便是那里有那理”。任何事物，不管是天然的还是人为的，有生命的还是没有生命的，都具有一种必然的因果性，先生（朱熹）发现了这一点，并把它称作“理”。

黄榦对朱熹的理学思想进一步阐发，他认为朱熹所说的理虽然是从客观现象中抽象出来的，却并不是事物本身的规律，而是离开事物能独立存在的观念，他把观念当作存在于事物之先的形式，认为事物都是由这种形式产生的。这就好像建造一座楼房，总是先有图样或构想，然后才能依据图样造成实际的楼房。他以为人在发明舟车以前，已经先有了舟车之理，对舟车的发明，不过是发现这个理，然后按照理，造出舟车而已。朱熹经常以扇子作例子，他说："扇子是如此做，合当如此用，此便是形而上之理。"扇子在没有被做出之前，就已经有现成的理在那里摆着了。朱熹说："未有天地之先，毕竟也只是理。有此理，便有此天地；若无此理，便亦无天地、无人、无物。"

君臣、父子、夫妇、长幼、朋友之间所遵行的道德原则是适用于古今一切人的，是人人必须遵循的当然之则。这种原则带有必然性，就像不会游泳的人下水会淹死，生在水里的鱼放到陆地上会干死一样；又像冷了必须穿衣，饿了必须吃饭一样，是"天生自然，不待安排"的，是"铁定的道理，更移分毫不得"的。把自然界的某些规律和社会伦理的内容综合在一起，说明社会伦理是不可抗拒的规律，要人无条件地服从它、遵守它，这就是朱熹哲学的"理"或"天理"的中心内容。

听了黄榦的讲解，学生若有所悟，追问道：按先生的说法，是不是可以认为理是精神性的，理是天地万物的根源，万物之所以能够生成变化，都是由于理的作用？

黄榦点点头，继续说道：先生（朱熹）说，天地之间，万物的生成，都要有理，也要有气。理是第一性的，是创造万物的根本，是看不见的道；气是第二性的，是生成万物的材料，是有形象的器。他认为，一切有形象的事物都必定以无形象的理作根

据，一切具体的事物，都是由万事万物的理所决定的，这就是“理先气后”“理在事先”。因为有理才产生了气，理和气虽然在时间上分不出先后，但二者之间，理是根本。一切事物都是因为先有这事物的理，然后才产生事物的。因此，理是最高的和绝对的，由理派生气，理、气结合衍化出宇宙和万物，这就是朱熹以理为本体，对整个宇宙的看法。

听到此，又有学生问如何理解天下有一个最高的理，每一事物又各有各自的理。

黄榦回答说：总天地万物之理叫作“太极”，“太极”有顶端和尽头的意思，也有最高标准的意思，是最根本的、整体的理。太极之理和万物之理的关系，先生（朱熹）称之为“理一分殊”。“理一”是就万事万物的本原，只有一个道理；“分殊”是指散于各个事物之中的理，都是最高之理的表现。从具体的事物看，各种不同的事物都来源于一个最高的理。他用“月印万川”来说明“理一分殊”的道理。天空中只有一个月亮，照在江、海、湖、河等一切水域中。天上的月亮是圆的，一切水域中的月亮也都是圆的。一切水域中所映照出来的都是月亮的整体，而不是它的部分。所以说“人人有一太极，物物有一太极”，每一人、每一物都以普遍的理作为存在的根据，都具有那普遍的理。

学生又问为什么说世界上的万事万物既统一又有差别。

黄榦说：同中有异，异中有同，先生（朱熹）的“理一分殊”观点透露了这样的思想。他认为“万物皆有此理，理皆同出一源，但所居之位不同，则其理之用不一。如为君须仁，为臣须敬，为子须孝，为父须慈，物物各具此理，而物物各异其用，然莫非一理之流行也”。也就是说，人们在社会中所处的地位不同，遵行的道德规范也会有差异，但这都出于一个“定理”，是固定而不可改变的。

……

课堂上，黄榦就当时抗金的形势发表感言，勉励在场的学子们读书不忘救国。同时他还强调，读书人要“先天下之忧而忧，后天下之乐而乐”，不能饱食终日，无所用心，一生碌碌无为。告诫学子读书做学问如逆水行舟，不进则退。

福州竹林精舍

办学传道

此外，黄榦还在福州其他地方开馆讲学，名曰“竹林讲席”，弟子如云，兴盛于时。朱熹闻讯之后，大喜过望，亲书“竹林精舍”匾置于馆内，并嘱咐“更宜加勉力，吾道之托在此者”诸语。这正是黄榦自号“勉斋”的由来，后学尊称他为“勉斋先生”。之后，黄榦赋《竹林精舍》一诗。

东溪远城烟，高崖结幽偏。

悠悠一涧水，白石相澄鲜。

地灵猿鸟异，山深草木妍。
而我与诸子，游心竹素园。
风泉杂春诵，松月清夏弦。
澄怀悟无始，云霄起高寒。

我们都知道，竹林精舍是朱熹在建阳创办的一所书院，后改名为沧洲精舍、考亭书院。那么，福州的竹林精舍又是怎么回事？这与朱熹有关，更与黄榦有关。

震惊朝野的“伪学之禁”发生后，朱熹到福州、闽东一带避险，以至于福州各县的地方志书中，出现了一批这一时期朱熹讲学过的书院。如，长乐刘砥、刘砺兄弟所创的石门洞精舍，闽侯林浦村的濂江书院，永泰林学蒙、林学履兄弟在石鼎峰之阳所建的龙门精舍等等。而黄榦从恩师的安全和讲学的需要这两方面考虑，在这一时期则先后创建了两所“竹林精舍”：一所在自己老家长乐青山村；一所在福州城东寓所浦下村。当年朱熹来福州避难于浦下村，见村庄前面麻竹高耸，大有建阳考亭茂林修竹之景致，于是提笔为之书额“竹林精舍”四字。时势的变化，让朱熹没想到的是，居然还到黄榦的竹林精舍来讲学了。

如今，珍贵的朱熹手迹仍珍藏在《黄文肃公世家宗谱》中，而即使在竹林精舍的发祥地建阳也早已不存。但在离浦下村不远的竹屿村，也有一所被称为竹林精舍的书院，这与黄榦密切相关。这里的竹林草堂，今又称“东野竹林书院”，与竹屿现存古建筑“竹林境”连为一体。据说，宋庆元二年（1196年）至庆元六年，朱熹避“伪学”禁来到福州，黄榦受他所托，在竹屿讲学授徒，当时，黄榦有一邓姓学生，将家塾扩建为“竹林草堂”，请老师黄榦为其书匾，该匾尚存，被后人讹为朱熹手书。

黄榦在福州讲学期间，朱熹偶尔到此小住时日，讨论经典训释诸书，此外，还会携众弟子、好友外出游历。

东野竹林书院

有一天，众人郊外游览。在这凉爽的秋天，黄榦在不断地勉励自己，融入乡野生活是如此称心。山脚下农家炊烟冉冉交错，潺潺流淌的溪水清澈见底。人与自然相处得如此融洽、闲适，让黄榦都忘记回家了。他想着陪老师出游，心中更想着在未来的日子里，能和老师一起归隐。此景此情，黄榦有感而发。

凉风振幽壑，阴云翳前山。
高怀励清秋，适意林莽间。
烟横万家井，水净双溪湾。
徙倚暮忘归，人境相与闲。
游子独何为，千里方言还。
陪此杖履游，忘彼道路艰。
心期更他年，依岩结柴关。

黄榦陪同朱熹郊游，同行的还有刘叔通等人。此诗描绘了一幅金风送爽、凉意宜人的深山秋景图。表达了黄榦“慨然有志于

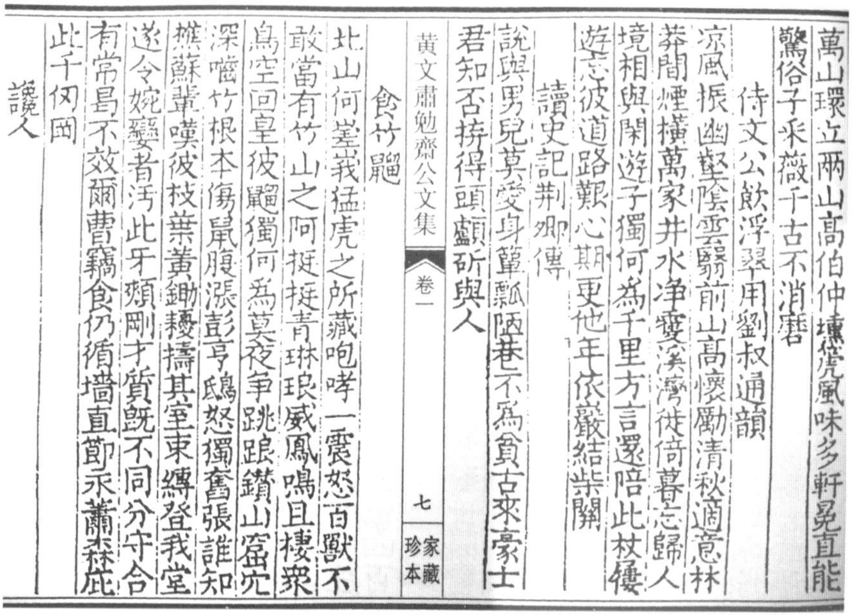

萬山環立兩山高伯仲壎篪風味多軒冕直能驚俗子采薇千古不消磨

侍文公飲浮翠用劉叔通韻

凉風振幽壑陰雲翳前山高懷勵清秋適意林莽間煙樓萬家井水淨要溪灣徙倚暮忘歸人境相與閑遊子獨何爲千里方言還陪此杖屨遊忘彼道路艱心期更他年依巖結柴關

讀史記荆卿傳

説與男兒莫愛身簞瓢陋巷不爲貧古來豪士君知否捹得頭顱祈與人

黄文肅勉齋公文集　卷一　七　家藏珍本

食竹鼲

北山何崔嵬猛虎之所藏咆哮一震怒百獸不敢當有竹山之阿挺挺青琳琅威鳳鳴且棲衆鳥空回皇彼鼲獨何爲莫夜爭跳踉鑽山竄穴深嚙竹根本傷鼠腹漲彭亨鴟怒獨奮張誰知樵蘇輩嘆彼枝葉黃鋤耰擣其室束縛登我堂遂令婉孌者污此牙頰剛才質既不同分守合有常曷不效爾曹竊食仍循墻直節示蕭森庇此千仞岡

讒人

《侍文公饮浮翠用刘叔通韵》

道”的决心，跟着老师，不管学业有多困难，道路有多艰辛，他将矢志不渝。

此一阶段，朱熹身体力行，积极从事理学研究，与黄榦在福州一带创办了许多书院。有案可稽的有紫阳讲堂、东野竹林书院、贤场书院、高峰书院、鳌峰书院、乌石山书院、濂江书院、龙津书院、长乐龙峰书院、罗源文公书院、闽县吟翠书院、连江贵安书院、闽清梅溪书院、古田蓝田书院等等。

据考证，朱熹先后来福州有10次，最有可能的是南宋隆兴二年（1164年）和淳熙十年（1183年）以及庆元二年（1196年）至庆元四年。其余则来去匆匆，没有太多的时间留在福州办学。庆元二年他辞官之后已67岁，贫病交加，特别是庆元四年后，他的左眼已经全瞎，右眼模模糊糊能看文稿。也就是说，他能在福州“避伪学禁”办学的也只有从庆元二年到四年的两年时间。其他主要的是在建阳考亭办学，到福州的时间有限，应该说多数是黄榦创办的书院。有一部分是在朱熹逝世后，他的门生以他的名义创办的，但其影响深远，以至于几百年来福州一直是全国理学的中心。

吾道之托

庆元五年（1199年）秋，朱熹病危，黄榦得知情况后，不顾一切，从福州日夜兼程赶到了建阳考亭。

病床前，黄榦一边听老人的临终嘱咐，一边抚摸他手腕上的脉搏，非常微弱，几乎感觉不到有跳动。他想到老人在临死时，还在为自己考虑，此时，他的咽喉中好像有什么东西卡住似的，难受至极！

看着面容憔悴的老人，整个人瘦了好多，精神也很差，这和之前的他，简直就是判若两人。

老人看着黄榦，朝他艰难地扯出一抹笑容。

现在，老人连呼吸都是困难的，说话甚至都有些吃力，整个人已经是力不由心了。

“直卿……我这病恐怕好不了了，接下来的事该怎么做你自己安排吧。”老人紧握着他的手，很虚弱地说道。

黄榦泪流满面，哭着说道：“我现在有很多时间来陪着您了，可以每天照顾您，直到您老人家身体康复为止！”听了女婿的话，老人欣慰地笑了起来。

“直卿，我知道，你一直很努力……我的愿望只有你替我去实现了，以后九泉之下我可以无憾了！”老人临终前一直紧紧地握着黄榦的手，那意思，再明显不过了。

说完，老人叫人到书房中找出《礼书》底本，命黄榦收下，令补辑以成之，并将深衣及其他所著之书授与黄榦。所谓“深衣”，是古代士大夫闲居时所穿的衣服，衣与裳相连，前后深长。朱熹将深衣传给黄榦，其中含有“衣钵相传”的寓意，实际上也是勉励黄榦要将理学事业继承下去并发扬光大。

老人微微闭了闭眼睛，看得出，他也很难受，也很不舍得离开黄榦离开这个世界。

庆元六年（1200年）春，朱熹在建阳考亭逝世，尽管党禁严酷，近路的学生和学友仍都来奔丧，路远的弟子也都私相祭吊。丧礼定在当年冬季，韩侂胄之流担心丧礼变为“逆党”的一次大示威。正在心惊肉跳的当口，这年秋天，布衣吕祖泰击登闻鼓上书宁宗请斩韩侂胄，使趋于沉寂的党禁波澜再起。

吕祖泰是吕祖俭的堂弟，吕祖俭上书被贬，他前往贬所探视，归语友人：“天下钳口，我必以言报国！”吕祖泰上书为“伪学逆党”辩诬，请斩韩侂胄及其党徒苏师旦，以周必大相代。韩侂胄为了逼供出周必大是幕后指使者，将吕祖泰投入临安府大牢。

审讯时，临安知府赵善坚威逼利诱，吕祖泰冷笑以对，即便受杖刑，他仍旧大喊：“你是宗室，与大宋同休戚。我吕祖泰这是为谁家计安危而受杖辱啊！”吕祖泰最后被押赴钦州（今属广西）牢城拘管。

吕祖泰上书被流放拘管，朱熹葬礼也没有酿出事变，党禁渐近尾声。有人提醒韩侂胄：再不开党禁，将来不免有报复之祸。韩侂胄颇有触动，台谏官摸准了韩侂胄的心思，于嘉泰二年（1202年）上奏宁宗说：“真伪已别，人心归正。”韩侂胄便正式建议宁宗弛伪学之禁。

于是，以赵汝愚平反为标志，党禁全面弛解。刘光祖、陈傅良等一大批列入“伪学逆党”的健在者，都复官自便，但复官制词中仍说赵汝愚“宗相当国，凶愎自用”“一时士大夫逐臭附炎”，意在证明当初打击贬逐完全是正确必要的，这也是封建专制政权下当政者为受害者平反时屡验不爽的通例。

庆元党禁虽然解除，但后果不容低估。其一，党禁的发动者使党争以道学之争的面貌出现，对政敌所主张的道德规范、价值观念，在扭曲丑化的前提下借政治力量予以全面声讨与彻底扫荡，而声讨与扫荡的正是士大夫长久以来借以安身立命的东西。于是，一切是非都颠倒了，政风士风在庆元党禁前后有明显的转折。史称，绍熙之前，“一时风俗之好尚，为士者喜言时政，为吏者喜立功名”；庆元党禁之后，“世俗毁方为圆，变真为佞，而流风之弊有不可胜言者矣！”其二，宁宗在党禁方兴之时一度支持韩侂胄，致使韩侂胄之流占据上风，其后六七年间，他漠然无为，听任韩侂胄肆无忌惮地排斥政敌、专断朝政、走上权臣之路。党禁虽然松动，韩侂胄的权臣之势却依然如日中天，不可摇撼。而韩侂胄擅权不过是南宋后期接踵而至的权相专政的开端，这也是庆元党禁滋长出来的毒瘤。

不知不觉，一年一度的清明节来了。在这个让人魂牵梦绕、缅怀先人的日子里，一种无以言状的思绪和无限的惆怅与悲怆缓缓涌上黄榦的心头，让他彻夜难眠。显然，对于朱熹的逝世，黄榦还沉浸在无限的悲伤中。他为岳父守丧三年，扫墓时悲痛欲绝，哭倒在墓前，写下催人泪下的诗句：

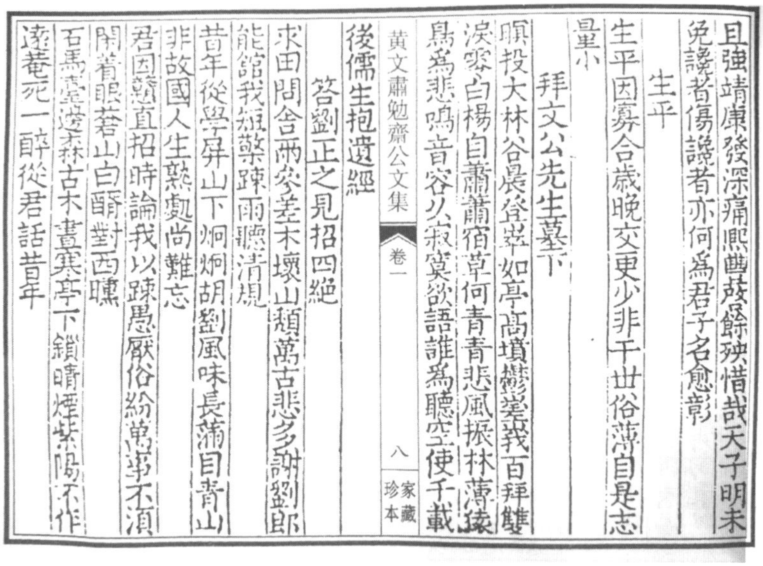

且強靖康發深痛熙豐萌餘殃惜哉天子明未
免讒者傷讒者亦何爲君子名愈彰

生平

生平因寡合歲晚交更少非干世俗薄自是志
量小

拜文公先生墓下

暝投大林谷晨登翠如亭高墳鬱嵯峩百拜雙
淚零白楊自蕭蕭宿草何青青悲風振林薄猿
鳥爲悲鳴音容久寂寞欲語誰爲聽空使千載

黃文肅勉齋公文集 卷一 八 家藏珍本

後儒生抱遺經

答劉正之見招四絶

求田問舍兩參差末壞山頹萬古悲多謝劉郎
能館我短檠疏雨聽清規
昔年從學屏山下炯炯胡劉風味長蒲目青山
非故國人生熟處尚難忘
君因顏直招時論我以疏愚厭俗紛弟子不須
開着眼看山白髮對西曛
石馬臺邊森古木書寒亭下鎖晴煙紫陽不作
遂菴死一醉從君話昔年

《拜文公先生墓下》

瞑投大林谷，晨登翠如亭。

高坟郁嵯峨，百拜双泪零。

白杨自萧萧，宿草何青青。

悲风振林薄，猿鸟为悲鸣。

音容久寂寞，欲语谁为听？

空使千载后，儒生抱遗经。

“斯人已逝，幽思长存”。每当黄榦回忆起过去向先生求学的情景，即使“悲怆哽咽不思书，亦不忍忘也”，动情伤感之处，常让他泪眼朦胧、无语凝噎，情不自禁，悲从中来，潸然泪下。可见，翁婿感情至深、至诚，令人动容！

可以说，黄榦深受朱熹影响，师生俩的思想不谋而合。与朱熹一样，黄榦渴望收复中原、实现祖国统一，反对异族入侵与朝廷苟安求和的立场，并提出任贤使能、富国强兵、抵抗金人等一系列的爱国主张。另外，黄榦在各地做官处理政事之余不间断地讲学，向学生传输爱国思想。

朱熹留下的著作卷帙浩繁，经他自己编著的包括《易》《诗》《书》《礼》等各类，兼哲学、历史、文学、文字学等各方面内容，有“综罗百代”之称。其中《四书集注》《周易本义》《西铭解义》《太极图说解》等代表了他的哲学思想；《资治通鉴纲目》《伊洛渊源录》是他的史学著作；文学方面有《诗集传》《楚辞集注》等。他平日讲学的问答，后来由黄榦整理编辑为《朱子语类》，而《朱子文集》则是他死后由小儿子朱在与黄榦一起编纂而成。

好在历史上尊崇朱熹并引以为志同道合的人不在少数。当朱熹去世后的第九年，朝廷解除了“庆元党禁”，还其以清白，宁宗皇帝赐谥曰“文”。十二年后，朱熹的《四书集注》被朝廷列为国学的必读课本，于是“家孔孟而户程朱”。后来，皇帝下诏示学宫，朱熹从祠庙堂，确立为道统圣人的地位。这一切，很大程度上与黄榦等一些门生的不懈努力有关。

朱熹病逝后，同年五月，黄榦的二哥黄东亦在任所上去世。噩耗传来，家人痛哭流涕，一年内失去了两个亲人，黄榦受到极大的刺激。随后，他怀着极其悲痛的心情，撰写了《仲兄知县东公墓表》一文。

> 庆元六年五月十有一日，通直郎、知抚州乐安县事黄君东，字仁卿，至抚州之一日，以疾卒于郡学之官舍。教授刘君琪，发其箧视之，金无余藏，问之左右，则君未至州而粮已终矣。刘君亟取其家器皿、质金买棺

制衣，以袭以殓。遍走部使者台郡僚属，以告而周之。丞相庐陵周公以币来赙。旁县他郡，闻君名者，虽非雅故，亦交致礼。然后，君之丧与其孤幼始归达于福州。嘉泰二年秋九月，葬于怀安县桃枝山保福僧寺之东北隅。

君之家世族系，见于晦庵朱先生所志御史公之墓。君，公之次子也，遗泽补将仕郎，历任迪功郎，监吉州酒务，全州法曹关，升从政郎，南剑州沙县丞，转文林郎，监衢州税务，转承直郎，改秩通直郎，知吉州万安县，丁内艰，服阕，受今任。

君天资警敏而简默迟重，呐然如不能言者。少游乡校，多为先辈所称道，属文赋诗，思致清古。遇事无巨细，咸研精极思。其所规划，人莫测其意，及臻厥成，往往叹其不能易也。故其居乡亲故，事有难理者，必即君谋之。及当官，虽筦库之微而部使者，郡太守民讼难剖者，悉以委君同僚联事者，文书行非君莫敢决。间遇诘责，率赖君以免。故君之所莅，辄有称。而既去，无不思之者。廉介之行，人所难及。常俸之外，凡以例得者，皆却不受。官之杂金，若敷诸吏以给公用者，一切屏之。每之官，警盗之卒，非法所应役者，遣之。雇夫之金，非法所应用者，归之。既终任，供帐之属，一毫不以私其家。故相鄱阳赵公，知君之贫。其帅闽也，属君校书，而月馈之，谢不可，则受什之一二。请君摄事乡邑，辞曰："有先人之训不敢违。"居官办职，不为表暴，以求人知。所至未尝以姓名通诸司，刚介自持，虽州县长吏，不敢溷以私。事所当争，则胁以斥逐不顾也。以是，官既不达而家益贫，然君处之如未尝仕。衣食疏粝，妻孥以下有不能堪者。筑室先垄之侧，仕已侧居焉，日与田夫野老，出入桑麻之间，颇有终焉之志。以家事为累未能也。御史公既殁，家无余财，田亩之入不足支数月。君奉太夫人。抚弟妹，三十余年之中，米盐琐细，靡不躬历，黾勉有无，未尝告惫。以故太夫人之意甚适，而弟妹亦皆赖以有立。俸入之余，铢寸积累。嫁女弟、从女弟及弟之女，凡三人，至遣弟之女，则囊箧丝缕无余矣。

鸣呼！以君之才识，岂不足以致富遗，至于贫困者，取于人者，廉也。以君之简俭，纵不至富贵，亦岂不足自给。至于死无以为殓，且无以为归者，施于弟妹者，厚也。无所利而为善，古人犹难之。

……

遂洒涕而志其梗概如此，以表诸墓，而示后人，使有考也。

季弟迪功郎、监嘉兴府崇德县户部石门犒赏酒库榦述。

黄榦对兄长的追述，悲伤中透出贫寒，痛哭中流露凄惨，一个为官清廉公正、居家简俭、侍奉老母、关照弟妹的形象跃然纸上。

以上文字，从另一个侧面反映出黄榦要矢志不移、不畏生活的艰难困苦，要追求精神上的充实。

第五章

学以致用，力行为上

凡物之理，不平则鸣，不足则慊，太溢则倾。谁谓剖斗而民不争？其取也，宁过于啬，其予也，宁过于盈。是又所以为不平之平乎？

县令任上

嘉泰四年（1204年），也就是朱熹逝世后的第四年，黄榦调任浙江嘉兴府石门酒库务监。

酒库务监是一个很小的官职，相当于后来的专门收酒税的税务所长。以前的石门酒库律己不严、管理松垮，导致酒税苛重，业主纷纷歇业，市场萧条。

据《石门县志·名宦传》（光绪版）记载，黄榦在石门“躬亲纤悉，寒暑不懈，岁入裕如”。黄榦到任后，不以官小职卑为推托，而是勤于职守，严于律己，事无巨细，悉必躬亲，即使是隆冬烈暑，也不避惮，有人说：“这些都是一些琐碎的小事，何必自己去做呢？”黄榦笑着说：“公家事何分大小？”此时，他揭露库吏勾结奸商“公造私酒”的恶劣行径，端正了官场徇私舞弊的不正之风。

在黄榦的管理下，石门酒业得以恢复和发展，税收也大幅提升，“岁入沛然”。辛弃疾当时是吏部侍郎，见黄榦才学超人，却只做酒库务监这样的小官，很是感慨：“是为委吏乘田者也。”委吏相当于现在的仓库保管员，乘田相当于现在的农牧技术员，孔子曾在季大夫家做过这两项工作。辛弃疾说这句话，既是感叹黄榦大材小用、世道不公，也是称赞黄榦不计名利、勤于职守。

黄榦在任石门酒库务监期间，曾作《石门酒库器铭》。

磨铭：上动下静象天地，前推后荡象六子。昼夜运行命不已，精粗纷纶物资始。君子省身盍顾諟，无小无大亦一理。

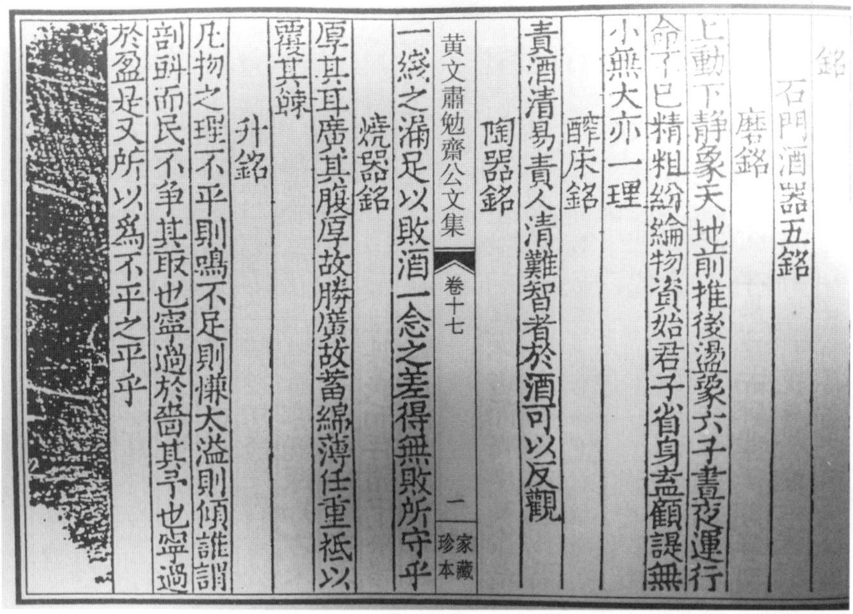
銘

石門酒器五銘

磨銘

上動下靜象天地前推後盪象六子晝夜運行
命不已精粗紛綸物資始君子省身盍顧諟無
小無大亦一理

醡床銘

責酒清易責人清難智者於酒可以反觀

陶器銘

一綫之漏足以敗酒一念之差得無敗所守乎

黃文肅勉齋公文集　卷十七　一　家藏珍本

燒器銘

厚其耳廣其腹厚故勝廣故蓄綿薄任重秖以
覆其餗

升銘

凡物之理不平則鳴不足則慊太溢則傾誰謂
剖斛而民不爭其取也寧過於嗇其予也寧過
於盈是又所以爲不平之平乎

《石门酒库器铭》

榨床铭：责酒清易，责人清难。智者于酒，可以反观。

陶器铭：一线之漏，足以败酒。一念之差，得无败所守乎？

烧器铭：厚其耳，广其腹。厚故胜，广故蓄。绵薄任重，只以覆其悚。

升铭：凡物之理，不平则鸣，不足则慊，太溢则倾。谁谓剖斗而民不争？其取也，宁过于啬，其予也，宁过于盈。是又所以为不平之平乎？

这些铭文，言简意赅，富有哲理，既是他对别人的警勉，更是自己为人处世、为官理政的真实写照。其中“责酒清易，责人清难”“一念之差，得无败所守乎”“厚故胜，广故蓄”“不平则鸣，不足则慊，太溢则倾”等语，直到今天，仍有着现实的教

育意义，人们常用来作为立身处事的座右铭。

对于黄榦及其《石门酒库器铭》，后人评价很高，清代学者严辰在《桐乡县志》（光绪版）中说：“考亭高弟，辅黄齐名，桐邑皆有遗迹可寻，足为杨园之先导矣。”考亭指以朱熹为首的考亭学派；辅即辅广，宋代大儒，入礼孔庙；杨园即清初的理学大儒张履祥。清代诗人施钟成在《玉溪杂咏》中也有诗赞：“断碑爱惜碎文章，贤士卑栖也不妨。难望勋铭五熟釜，自家评点到壶觞。”

两浙运判詹徽之深感黄榦是一个难得的人才，说：“我们大宋就是要像黄榦这样的人，国家才会有希望，失地才能收复回来！”并强调，黄榦仅仅任一个酒监未免太屈才了，遂以其“存不矜之心，为有用之学，屈在管库，未究所长”为由，荐之于朝。这时，权奸韩侂胄欲以北伐金人来巩固他所窃取的高位，遂以吴猎为荆湖北路安抚使。吴猎征求黄榦对战局的看法，黄榦认为不宜仓促用兵，说：“现在如果实施大举北伐的打算，必然会失败。”吴猎素来敬重黄榦的名德，于开禧二年（1206年）五月将其辟为府中幕僚。

随着局势的发展，果然不出黄榦所料。大宋军队北伐拉开序幕后，在初战得到几次小胜之后，不久，淮北及西路诸军均节节败退，金兵挥师渡淮南下，与宋军形成对垒相持的局面。于是，当初极力主战的韩侂胄又急忙遣使议和。开禧三年十一月，这个在庆元年间兴风作浪、陷害和打击道学人物的权奸被史弥远诛于玉律园；而史弥远则取代韩侂胄成了当朝宰相。

接下来，史弥远与北方金朝签订“嘉定和议”。其后，国事日非，军政不修，百事废弛，而中产以下，则“破荡流移”。出于政治上的需要，史弥远有意推崇并逐步起用了一些道学人物。

这时，正好江西提举赵希怿、抚州知州高商老同时荐举黄榦，认为他“禀资公正，律己廉勤，使宰百里，绰有余才”。于是，史弥远顺水推舟，黄榦由此当上了江西临川知县。

嘉定元年（1208年）正月，黄榦来到临川县任上。临川地广民众，号称难治，四十余年无贤令尹，以至积讼成山。黄榦到任后，“每日裁决，观者如堵”。黄榦剖决如流，每决一事，众皆叹服。据《临川县志·名宦传》（同治版）记载，黄榦“每五鼓视事至午……逋租积讼委沓，未数月疏涤皆尽”。可见，他勤于政事，悉心为民，政绩卓著，官声日炽，当他改任新淦县令的时候，临川百姓怅然若失，“如失父母”。

嘉定二年，临川遇上旱荒和蝗灾，民难于食。黄榦为之平粮价，宽征敛，最终民赖以安。尽管公务繁忙，他还是经常抽空到郡学讲述朱子学思想，阐发大道之源。黄榦以“四德四端之要”为题讲解和传播朱熹的理学思想，叙述“天地之间亦具元亨利贞之德，为仁义礼智之性”。据记载，黄榦公事忙完，“则与弟子何基等讲论，至夜乃罢”。

此外，黄榦所到之处，“以重庠序，先教养。即郡治后凤栖山为屋，馆四方士。立周、程、游、朱四先生祠”，他撰写《徽州朱文公祠记》《鄂州州学四贤堂记》，阐明朱熹集宋代理学之大成。这年三月，临川郡学建成，广收门生，黄榦写有《临川郡学讲义》。

由此可见，黄榦民本思想深受朱熹的影响，他说：“公平正大者先生之心，刚毅勇决者先生之气，严威俨恪者先生之容，精深广博者先生之学。”朱熹去世后，黄榦继续发扬其变革社会、为民请命的作风。

嘉定五年五月，黄榦被调任江西新淦县令。新淦民众得知黄

榦在临川的政绩，听说他的到任，到处奔走相告，欢声不止。

据《新淦县志·名宦传》（同治版）载，当百姓得知黄榦来知新淦，“吏民习知临川之政皆善，不令而政行”。不令而政行，这是黄榦春风化雨的恩德。他在任期间，“尽心毕力，穷究弊源”，抚恤困穷，不畏强御，经理财赋纲运，整办理断民讼，人罕再诉。

值得一提的是，黄榦在新淦任上期间，还与当地豪强谢知府家族进行不屈不挠的斗争。谢家乃一方豪强，为非作歹、霸占农民田产，在处理这一案件的过程中，黄榦强烈的正义感和恤民思想一览无遗。我们从他写的一首《食竹䶉》可知，诗云：

北山何嵯峨，猛虎之所藏。
咆哮一震怒，百兽不敢当。
有竹山之阿，挺挺青琳琅。
威凤鸣且栖，众鸟空回皇。
彼䶉独何为，莫夜争跳踉。
钻山窟穴深，啮竹根本伤。
鼠腹涨彭亨，鸱怒独奋张。
谁知樵苏辈，叹彼枝叶黄。
锄耰捣其室，束缚登我堂。
遂令婉娈者，污此牙颊刚。
才质既不同，分守合有常。
曷不效尔曹，窃食仍循墙。
直节永萧森，庇此千仞冈。

黄榦在诗中营造了这样的一个场景：北面的山何其高峻雄伟，这是猛虎栖身的地方，它声震长空的怒吼，让林中百兽惊恐不已。山的凹曲处，有一片竹林茂密地生长着，青翠挺拔，轻风吹过，发出清脆美妙的声音。瑞鸟栖息在竹林里，它发出悦耳的鸣叫令众鸟彷徨不定、怅然若失。食竹鼠为什么在夜里跳跃喧闹，打通山墙，挖掘深深的洞穴，啮噬植物的根茎，破坏竹林的生长？吃饱喝足的竹鼠挺着大大的肚子，却不知道天上的老鹰正张开有力的翅膀要捕食它。那些打柴砍草的人感叹竹林的枝叶日渐萎黄，用农具捣毁竹鼠的巢穴，绑缚着它们来到公堂。这些看似柔顺者，有着坚硬的嘴巴。

每个人的资质有所不同，各有职分。何不效仿宵小之辈，窃食后便靠墙而行，鬼鬼祟祟的。黄榦对窃食者深恶痛绝，但却无法依法惩办。

新淦县一户人家，男主人亡故，其寡妻抛家弃子，回到娘家。开禧三年（1207年），这个寡妻将夫家的田地卖给了谢家。黄榦在审案时指出，寡妇不应抛弃子女，也不应出卖丈夫留下的田产。黄榦十分同情被抛弃的孤儿，他写道："绝人之嗣，而夺其产，挟其妻以害其侄婿，此有人心者所不为也。"黄榦的倾向性非常明显，谢知府家族做了这样不得民心的事情，黄榦当然要向谢家人追索土地的契约。但最终却被无理拒绝。他只是一个小县令，未能在一次诉讼中战胜谢家，但黄榦已经开始留意谢知府家族在地方为非作歹、霸占土地的证据。

第二次诉讼的是，谢家强迫一户农民，将一块有四座祖坟的田地出卖。嘉定元年（1208年），谢家买下这块田地，和原告的侄子、一个未成年的小孩子签署了契约，在这种势力不均衡的交易中，很难让黄榦不怀疑谢家以权势胁迫贫穷百姓。然而，事发后谢家仍然拒不承认，仅还给原告一个小池塘，草草了事。

黄榦没能惩治谢家，但他并不气馁，暗中等待机会。此时，有17家窑户状告谢家违约，没有如期支付购买的1.3万片大砖的17

贯钱，谢家人坚持他们只是购买了小砖瓦，并按照正常的价格付了钱，而窑户则说，卖的是大砖瓦，只收到一部分口食钱米。只是简单的一个案件，但黄榦依然被缚住手脚，无法执行判决，他无奈道："赖人砖瓦，欠人钱物，岂得以为无罪？不应收禁？私家却得将人打缚，官司不得禁抑豪强之状，即此可见。"

功夫不负有心人，最终，黄榦在第四次的诉讼中贯彻了自己的判决，有力地打击了谢家，他命令谢家停止侵占地产。在这些诉讼中，黄榦最终以他的正直和正义赢得了胜利。

黄榦政事之余继续讲学，创办新淦（今江西省新干县）县学，并写了《新淦县学讲义》。当时朱熹的另一位门生杨楫任江西运判，延请黄榦讲学于隆兴（今南昌）东湖书院，黄榦为书院诸生讲解了《中庸》一书中的有关章句，阐释了朱熹集注此书的观点。

主战反和，收复中原失地，致力于社会改革，是黄榦在嘉定年间（1208—1224）从政的重要特点。他对当时积弱、腐败的国势充满忧虑。因为"蒙古有崛兴炎炎之势，金人有遁逃冲决之虞，群盗有分裂割据之忧，边民有乘时幸乱之意，一动则百变交起，其将何以应之"。他说："今国势之弱甚矣，兵不素练，财不素蓄，人才不素养，举世之人，皆欲行其私，以肥其身，此何等气象！"他认为"和既不可，则其势不可以不战"。因而，黄榦在《与金陵制使李梦闻书》中曾提出"壮国势而消外侮"的主张，即大本不可以不立、大义不可以不明、己私不可以不克、人才不可以不收。而"大体既定，则凡所谋划无非为一战之计……不可以战者却之……然后先自朝廷进君子退小人，延纳忠谠之言，斥逐邪佞之语，凡前日苞苴奔竞之风，阿私朋比之习，严行戒饬，使朝廷清明，天人悦豫，然后有可以进取中原之实"。当时，主和派主张继续给予金人所索岁币，使其得以贿蒙古，而求

得金、宋两国之安宁。黄榦即著《论岁币》，据理予以驳斥。

由于黄榦胸怀“壮国势而消外侮”之心，因而敢于正视现实，他针对社会流弊，积极谋求改革。先前在浙江嘉兴石门酒库任上，他就曾揭露库吏勾结奸商“公造私酒”，抨击“官酒既不发卖，而反自卖私酒”。在江西临川任上，他又力主弛沿河场务之费，以抑制坐蠹之害和盗粜之弊。在新淦县，他对这个江西“最为难治”的县着力进行整治，揭露该县胥吏勾结豪民，将职田作官田变卖，“遂使一千二百余亩之职田，一旦尽变而为豪民之田”。后来，在通判安徽安丰军任上，他亦不断整顿官司困民之扰。

嘉定六年（1213年）九月，黄榦因提举常平、郡太守的推荐，擢升监尚书六部门，但他没有上任，后又改差任安徽安丰军通判。

其间，黄榦极力整顿腐败吏治。

黄榦喜欢推理断案，从小耳濡目染父亲破案的过程，学会了不少的断案知识。黄榦常根据现场的蛛丝马迹，剥茧抽丝，排查出犯罪嫌疑人后，审清事实真相，缉拿凶手为民伸冤。《宋史·黄榦传》中还留下了他“托梦破案”的传奇故事。

不久后，宝谟阁学士利州路安抚使刘甲、兵部侍郎李珏均极力荐举黄榦，以为他“学有渊源，行有根本，忠孝窃于许国，信义长于使人。其材足以济繁难，其节足以临缓急”，并说“可当大任”。

为官兴学，奉祠家居

嘉定七年（1214年）九月，黄榦被任命为汉阳知军。汉阳就是今天的湖北汉阳一带。开禧北伐之后，这里成了宋金边境。

黄榦受命知湖北汉阳军，当时湖北数郡大旱，其中又尤以汉阳军为甚，“乡村草民皆掘草根以食”。监司无一人过问旱情，百姓饿死者不计其数。黄榦力抗两司，全力投入救灾，从各处设法筹集米粮7万余石，以市价的一半卖给灾民。从嘉定八年（1215年）冬至嘉定九年春，黄榦共收外地流民2700多人，皆发常平仓赈济。他还上书漕司，主张将湖北诸州所管鱼湖、所收课利，尽行蠲免，而“所产渔蚌之属，听贫民从便采取。……使贫民得采鱼为食，以度饥荒”。到了第二年春暖花开的季节，对于那些愿意回乡的人黄榦送给他们一些粮食带回，而不愿意回去的黄榦也为他们搭盖茅屋让他们有地方居住，民众因此感激万分。

此外，黄榦重视教育，政事之余，他于郡治后凤栖山构屋，创建凤山书院，招纳四方学者。黄榦在凤山书院又立周敦颐、程颐、程颢、游酢、朱熹五先生祠，撰《汉阳军学五先生祠堂》，欲使“此邦之士知道统之有传，圣贤之可慕”，不遗余力地阐扬朱熹的理学思想。同时，黄榦在汉阳军讲朱子学时，反复强调“养浩然之气”，认为此气“有以养之，则富贵不能淫，贫贱不能移，威武不能屈”。

黄榦心中非常清楚，最高统治者为维护其统治的需要，可以容纳部分理学家参政议政，但并不意味着朝廷已为在“庆元党禁”中含冤蒙垢的理学人物彻底平反。作为一个正直的官员，在其位要谋其政，黄榦要招募士勇，退城视防，反击金兵的侵掠。他主张的抗金御敌，既依靠兵，也依靠民；既用民力，更用民心。他第一次书信两淮制置使（官名，掌本路诸州军事，多以安抚大使兼任）李珏说：“今日之计，莫若用两淮之人，食两淮之粟，守两淮之地。”他还说：“且淮民遭丙寅之厄，今闻金人迁汴，莫不狼顾胁息，有弃田庐、挈妻子渡江之意，其间勇悍者且将伺变窃发。向日胡海张军之变，为害甚于金。若不早为之图，则两淮日见荒墟，卒有警急攘臂而起矣！”

然而，一些诸如修城、赈饥、听讼等杂务纷陈，占据了黄榦大量的时间和精力。为了更好地阐扬道统、确立朱子学说的道统地位，他还有许多事需要去完成。

因此，从嘉定八年（1215年）六月起，黄榦一再上疏乞祠。当时，尽管湖北漕运使一再上疏挽留，对其知汉阳军的政绩赞不绝口。疏中说：“自黄知军有奉祠之请，阖郡士民皇皇然皆恐其去，如赤子之慕慈母。”然而，为了阐扬朱子之道统，黄榦还是毅然再三乞祠。终于在这年十二月旨下，准其主管武夷山冲佑观。按照宋代的宫观制度，任者可以从便居住，可不到任所而领取俸禄。奉祠家居，使黄榦得到了一个能够专心致志地阐扬朱熹思想的机会。

祠官，是宋朝特设的一种官职。一些得罪于朝廷的逆臣、年迈体衰的老臣，以及无职位可以安排的朝臣，都暂充各名山道观寺庙的祠官，食祠禄而养亲。因此，乞祠、丐祠、奉祠之官都是闲官，没有担任实职，拿朝廷一半俸禄。在某种程度上来说，也可以说是遭受贬谪之臣，故大诗人陆游曾有“世路涩于棘，祠官冷于冰”之叹。祠官坐在冷板凳上，一坐就是数年，甚至死于任上，报国无门，牢骚满腹，而俸禄少得可怜。他们之中，有一部分是闻名朝野的理学家，官场失意，但在闲职上却有充足的时间潜心钻研学问。

环峰精舍

嘉定九年（1216年）四月，黄榦因病回到建阳考亭。消息传出，诸生从学于竹林精舍者云集。黄榦在此撰写了《竹林精舍祠堂》讲义，并开始草撰《朱文公行状》，讲述朱熹生平。

黄榦在福州、建阳、湖北汉阳等地创建有多所书院，先后在七所书院、五所府县官办儒学授课讲学。仅在建阳一地，他就先后创建了两所书院，即潭溪书院和环峰书院。朱熹逝世后，这两所书院和考亭书院都成了黄榦秉拂讲学、教书育人的教育基地和学术殿堂。

环峰书院原名环峰精舍，草创于南宋嘉定九年（1216年）。

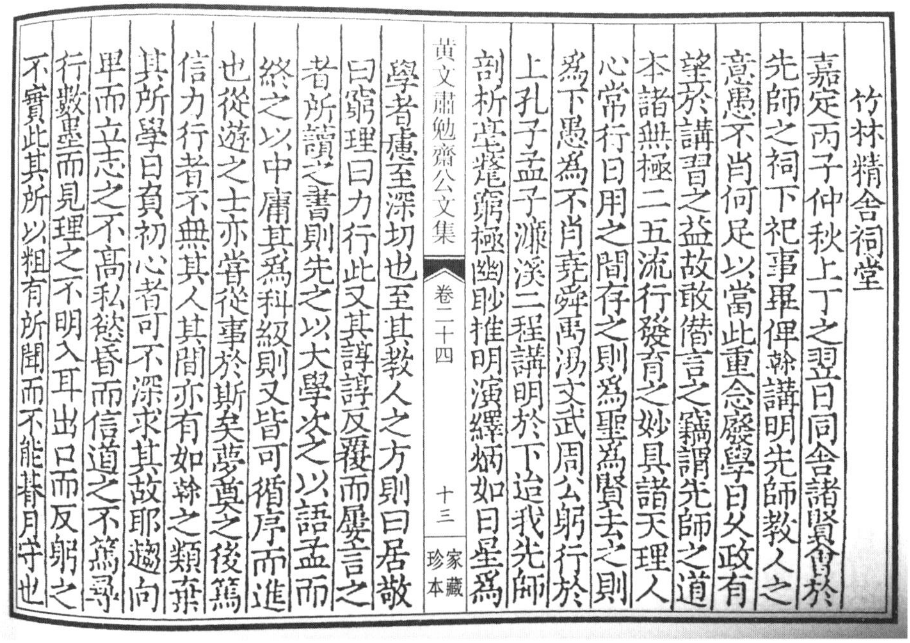

竹林精舍祠堂

嘉定丙子仲秋上丁之翌日同舍諸賢會於先師之祠下祀事畢俾榦講明先師教人之意愚不肖何足以當此重念廢學日久政有望於講習之益故敢僭言之竊謂先師之道本諸無極二五流行發育之妙具諸天理人心常行日用之間存之則爲聖爲賢去之則爲下愚爲不肖堯舜禹湯文武周公躬行於上孔子孟子濂溪二程講明於下迨我先師剖析毫釐窮極幽眇推明演繹炳如日星爲學者慮至深切也至其教人之方則曰居敬曰窮理曰力行此又其諄諄反覆而屢言之者所讀之書則先之以大學次之以語孟而終之以中庸其爲科級則又皆可循序而進也從遊之士亦嘗從事於斯矣夢奠之後篤信力行者不無其人其間亦有如榦之類棄其所學日負初心者可不深求其故耶嚮向畢而立志之不高私慾昏而信道之不篤尋行數墨而見理之不明入耳出口而反躬之不實此其所以粗有所聞而不能朞月守也

黃文肅勉齋公文集　卷二十四　十三　家藏珍本

《竹林精舍祠堂》讲义

这年四月，黄榦离任湖北汉阳知军后回到建阳。闰七月，在考亭书院当年朱熹为其建造的寓舍旁建草堂三间，名“环峰精舍”。他说：“吾早岁唯师是从，师以别墅界我，我今始能为屋三间，名以‘环峰’，乃吾考察院祖居山名也。”“察院”系指黄榦的父亲黄瑀，宋高宗时曾任监察御史，故有此称。由此可见，精舍之得名是为了纪念其福州寓所有山名“环峰”。

嘉熙年间（1237—1240），宋理宗为表彰理学，敕令中书舍人李忠转谕建安令邓质择地重建。于是，环峰精舍从考亭迁至县坊西清巷。迁址的原因是环峰精舍原址实际上是在考亭书院的一侧，这样，大书院内又有一所小书院，黄榦的光辉难免就会被朱熹所掩盖，如此实不足以凸显黄榦传道卫统、弘扬朱子学的功绩，于是就有了择地重建之举。宋理宗时，为表彰朱子理学的功绩，曾御赐重修了一批由朱熹考亭学派人物在各地创建的书院，一般都只是在原址上修修补补。而耗费巨资择地重新建造，仅黄榦环峰精舍一家，故此可称特例。也正是如此，可见黄榦在当时的学术界的地位非同一般，甚至引起了皇帝的高度重视。

淳祐四年（1244年），新书院建成，宋理宗御书匾额“环峰书院”，此为“环峰精舍”改名为书院之始。

元至正二十二年（1362年），环峰书院毁于兵火。明正德十六年（1521年），经黄榦裔孙黄漋等提请，福建提学胡铎等批准，次年由建阳知县邵豳主持书院重建事宜。此时，因西清巷的书院旧址已建县署，拆建不便，故又将新址改在水东妙高峰之中。

与考亭沧洲胜景相比，妙高峰又别是一番景象。这里峰峦回合，雄伟秀丽，诸峰环拥之中，有一片开阔地，环峰书院就坐落在这片开阔地上，在此环顾四周，绿树成荫，竹影婆娑，山峦叠

嶂，峰回路转，宛然名副其实的“环峰”。

据明嘉靖九年（1530年）礼部右给事毛宪应黄榦裔孙、时任武进县教谕的黄濂之请而撰的《环峰书院记》，新建的环峰书院中为正堂四楹，黄榦肖像居中高悬，而以门人潘柄、杨复、何基、饶鲁配祀。两侧横批，左曰“尊德”，右曰“凝道”。正堂前为屋楹四榜曰“麟凤龟龙”。又前为仪门，上书“扶植道统”四字。再前为书院大门，以宋理宗御书“环峰书院”四字揭之门额。正殿左右又各建屋四楹。门外数十步有水井一口，井上复亭，榜曰“半亩方塘”，以此象征朱子理学的源头活水。此后，从明末至有清一代，书院虽有多次重修，但其建构大体不变，今存书院遗址中，除了上文提到的书院古道之外，还有半亩方塘井一口，井水清洌甘甜，附近居民至今仍在饮用。黄榦又命长子黄辂、三子黄辂定居于此，世代繁衍生息，后来发展为建阳的一个大姓。

环峰书院

安庆筑城

黄榦此次奉祠，作为朝廷而言并非出于政治上的原因，自然不会令其长期闲着。黄榦主管冲佑观一年后，又于嘉定十年（1217年）二月被授予安庆知府。黄榦力辞不允后，四月才到任上。

安庆，不是一座普通的城市。中国古代城池无数，但修筑城池过程能记入正史的则不多。而安庆，就是这为数不多中的一个。

但安庆筑城过程载入史册，并非因为城，而是因为人，这个人，就是时任安庆知府的黄榦。

时金兵一路南下攻破光山，大肆烧杀抢掠、残害百姓。安庆距离光山近在咫尺，危在旦夕，城内百姓提心吊胆，惶惶不可终日。为安抚民心，为了守土有责，黄榦提出“以备战守”的策略，并制定修建安庆城的计划。

黄榦顺着皖河而至皖江，登临盛唐山后，北望山，南眺水，真真切切感受到郭璞“此地宜城”的用心。经过数十天的详细考察，最终圈定以盛唐山为中心，向北、向东、向西，利用起伏丘

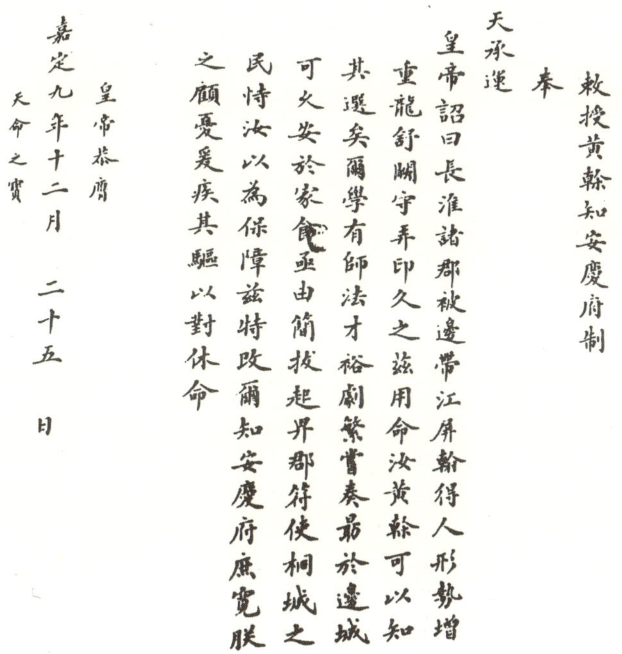
敕授黃榦知安慶府制
奉天承運
皇帝詔曰長淮諸郡被邊帶江屏翰得人形勢增
重龍舒關守弄印久之茲用命汝黃榦可以知
其選矣爾學有師法才裕劇繁嘗奏最於邊城
可久安於家食亟由簡拔起界郡符使桐城之
民恃汝以為保障茲特改爾知安慶府庶寬朕
之顧憂爰疾其驅以對休命
皇帝恭膺
嘉定九年十二月二十五日
天命之寶

《敕授黄榦知安庆府制》

陵地势，依山修筑“九里十三步”城池之墙。这其实也是一种无奈之举，经济窘迫，时间紧迫，只能借助山体的斜度与高度，或在外侧垒砌，或山顶加筑，达到省时、省工、省料的目的。

新筑城池要奏报朝廷批准。于是，黄榦连夜写好奏折，派人马不停蹄地送往临安。但是，金人南侵消息不断传来，且离安庆越来越近。而安庆，虽离临安城不远，但一来一回，没有十天半个月是不可能的。于是，黄榦当机立断，没有等到朝廷的批复，自己便先动手修了起来。

安庆新城正式动工修筑，此时的天气，已经有些热了，参与筑城的民工，基本都是赤膊上阵。这之中，也包括黄榦本人。

安庆筑城

黄榦是一介书生。但在筑城过程中，却是劳心劳力，全程参与。动工之前，他不仅要计算需要多少材料、多少工费，还要计算整个工程的进度。由于金人的威胁就在眼前，时间相当紧迫，为了节省时间，黄榦将城池工程分为12段，自己带人先集中修筑一段，然后根据费时费工情况，将其余11段分发给下属官员完成。

修筑城池是件大事，况且是出于安民的需要，因此黄榦的提议得到百姓的拥护，都主动参加进来。而且黄榦筑城用工也十分科学，虽说总共动用了2万兵与民，但真正上工地的，只有5000人左右，每3个月轮一次岗。夏季筑城，又热又累，黄榦也不要求强干，每天安排午休1个小时，每月则安排休息6天，虽然轮休但是不空岗。即便秋凉，这种福利还保留有一半。

这期间，最累的当然还是黄榦本人：安庆府的大事小事，他必须管；有人到衙门敲鼓鸣冤，他必须受理；上面来人下面来人，该他出面的还要出面；夏秋两季，病害易发，还要与僚佐讨论防治之策；筑城进展如何，出现问题怎么解决，这也少不了他。最关键的，再忙再累，也不能松懈教育，所以，晚间稍有空闲，他便去书院讲论经史，此间他还著有《安庆郡学讲义》等。

在黄榦的运筹帷幄下，城池前前后后仅用8个月便修筑完成，安庆城被紧紧包裹起来，百姓有了安全的依靠。完工这天，大家兴高采烈，户户张灯结彩，百姓扶老携幼登上城墙，往来不断。这时，有一位老婆婆，由两个儿子抬着，带着一众孙辈，专程到府衙致谢。老婆婆紧紧地握着黄榦的手说："老妇之来，为一郡生灵谢耳！太守之赐非所冀也！"

两年之后，金兵又大举南下，攻破了黄州、沙窝等各个关隘，接着又由东往西进攻，河南东部以及安徽等地的百姓为躲避战火，流离失所。唯独安庆凭依城墙之险坚守如故，泰然自若。金兵难以攻破，安庆城里的百姓生活安定如故，无战火之忧。

没过多久，安庆接着又是一个多月的大雨，巨大的洪水席卷而来，大水一直淹到城墙半腰，但坚固的安庆城屹然无虑，全城百姓的生命和财产安全得到保护，安庆百姓对黄榦更加感激不尽。这些事迹都记录在《宋史》中。

安庆新城南至宜城渡，北至柏子桥，西到万松山，东到石家塘，整个城池呈四方之形。地方史籍称之为“九里十三步”。

今天，安庆人民仍然敬佩黄榦的长远目光，由他规划出的安庆城池版图，延续了700余年，直到民国时期，才有小范围的改动。

黄榦用智慧和实干开创了安庆城的历史，使之有了“万里长江此封喉，吴楚分疆第一州”之美誉及“八省通津”的美称。因此，黄榦又有“安庆城之父”一说。

一波落下，一波又起。

城池筑成后不久，又逢大旱。持续一个多月的烈日高照，热浪袭人，不见降雨。农民靠挑池塘、小溪之水播种的庄稼苗眼看着将要旱死，而池塘、小溪里面的流水也日渐干涸。当地老百姓个个唉声叹气，甚至有些百姓开始打理行李，准备外出逃荒。

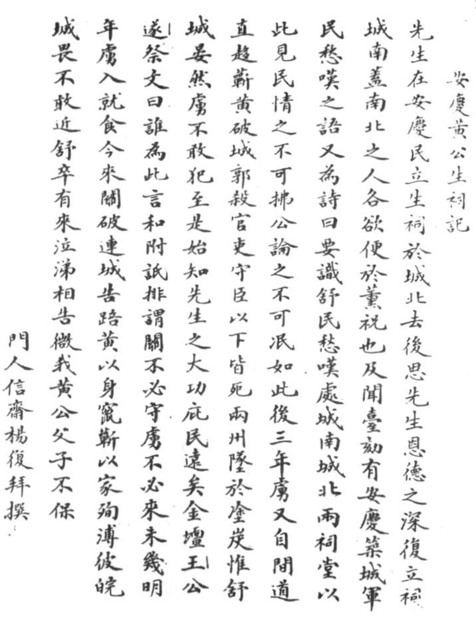

安慶黄公生祠記

先生在安慶民立生祠於城北去後思先生恩德之深復立祠城南蓋南北之人各欲便於薰祝也及聞臺劾有安慶築城軍民愁嘆之語又為詩曰要識舒民愁嘆處城南城北兩祠堂以此見民情之不可拂公論之不可泯如此後三年虜又自間道直趍蘄黄破城郭殺官吏守臣以下皆死兩州墜於塗炭惟舒城晏然虜不敢犯至是始知先生之大功庇民遠矣金壇王公遂祭文曰誰為此言和附詆排謂關不必守虜不必來未幾明年虜入就食今來關破連城告蹈黄以身竄蘄以家殉溥彼皖城畏不敢近舒卒有來泣涕相告微我黄公父子不保

門人信齋楊復拜撰

《安庆黄公生祠记》

黄榦也是心急万分，可是又没有什么办法。他经常带着下属去视察旱情，操劳于村墟，奔波于田间。看着将要枯死的整地禾苗，黄榦禁不住潸然泪下。

然而，旱风照例趁机肆虐，都到四五月天了，农田还是一片枯黄。抬头望去，天空依然还是烈日高悬。农民们盼雨盼得都快疯了，到处都可以看到跪地祈雨的人群。此时此刻，当年父亲知永春县时的情景，浮现在眼前，黄榦心中充满了焦虑。于是他决定像他父亲当年那样——祈雨。也许是心诚则灵，也许是真到了该降雨的时候了，黄榦一番求雨仪式后，雨真的落了下来。黄榦欣喜万分，写下《喜雨二首》。

其一

云霓天外起层层，毕月相随彻夜横。

费得天公能几力，数州愁苦变歌声。

其二

睡觉歌声古道旁，有人中夜揽衣裳。

床头斗酒聊自酌，不为书窗一夜凉。

尽管祈雨带有传奇色彩，但黄榦深怀爱民之心，恪守为民之责，善谋利民之策，多办惠民之事，从此传为佳话。

忧国忧民

南宋积弱已久，已是日薄西山。黄榦一心忧国忧民，但当时掌管本路诸州军事官员、身负指挥重任的制置使李珏却无所作为，“幕府书馆皆轻儇浮靡之士，将帅偏裨，人心不附，所向无功。流移满道，而诸司长吏张宴无虚日”。黄榦此时正在积极筑城备战，看在眼里急在心里，他痛心疾首，奋笔疾书，写信劝谏

李珏，力论史弥远擅权，边备废弛，百姓受祸。但李珏不采纳黄榦“用两淮之人，食两淮之粟，守两淮之地”的建议，又不听黄榦赏功罚罪的面议。那时，“榦知不足与共事，归自维扬，再辞和州之命，仍乞祠，闭合谢客不与”。但黄榦仍然写信劝谏李珏，云：

浮光敌退已两月，安丰已一月，盱眙亦将两旬，不知吾所措置者何事，所施行者何策。边备之弛，又甚于前，日复一日，恬不知惧，恐其祸又不止今春矣。

向者轻信人言，为泗上之役，丧师万人。良将劲卒，精兵利器，不战而沦于泗水；黄团老幼，俘虏杀戮五六千人；盱眙东西数百里，莽为丘墟。安丰、浮光之事，大率类此。切意千乘言旋，必痛自咎责，出宿于外，大戒于国，曰：“此吾之罪也，有能箴吾失者，疾入谏。”日与僚属及四方贤士讨论条画，以为后图。今归已五日矣，但闻请总领、运使至玉麟堂赏牡丹，用妓乐；又闻总领、运使请宴亦然，又闻宴僚属亦然。邦人诸军闻之，岂不痛愤。且视牡丹之红艳，岂不思边庭之流血；视管弦之啁啾，岂不思老幼之哀号；视栋宇之宏丽，岂不思士卒之暴露；视饮馔之丰美，岂不思流民之冻馁。敌国深侵，宇内骚动，主上食不甘味，听朝不怡；大臣忧惧，不知所出。尚书岂得不朝夕忧惧，而乃如是之迂缓暇逸耶！

今浮光之报又至矣，金欲以十六县之众，四月攻浮光，侵五关，且以一县五千人为率，则当有八万人攻浮光，以万人刈吾麦，以五万人攻吾关。吾之守关不过五六百人，岂能当万人之众哉？则关之不可守决矣。五关失守，则蕲、黄决不可保，蕲、黄不保，则江南危。

尚书闻此亦已数日，乃不闻有所施行，何耶？

这封信写得十分精彩激切！《宋史》中全录。

不久，光州、黄州、蕲州相继失守，完全像黄榦所说的。四个“视”和“岂不思”，充分表露出他对当权者吃喝玩乐的痛恨，对战士流血牺牲、百姓哀号冻馁的痛心，对当权者不采取措施而万分焦急。万般无奈之下，黄榦只好于嘉定十一年（1218年）六月辞官回乡。

监察御史李楠害怕其入见“必直言边事，以悟上意”，“遂奏罢之”。十一月旨下，令黄榦主管冲佑观。

可想而知，这时期的黄榦在官场中处处受到当权者的排挤、陷害和毁谤，他在愤怒中写了《谗人》一诗。

监谤兆周蹙，偶语挤秦亡。
古风下刺上，国步安且强。
靖康发深痛，熙丰启余殃。
惜哉天子明，未免谗者伤。
谗者亦何为，君子名愈彰。

诗中的大意说，周厉王暴虐成性，不容百姓议论自己的得失，于是周朝的国势日渐局促；秦朝政令繁苛，相聚议论或者窃窃私语就被判重罪，所以秦国很快就灭亡了。古代史官采集地方民歌民谣，把百姓讽喻的诗歌传达给执政者，统治者善于纳谏，纠错改过，国家的命运就会安康富足强大。靖康之难发人深省。这是熙丰年间（1068—1085）遗留下的祸患，日积月累造成的。只可惜呀，天子虽然圣明，但自己也免不了被人陷害损伤。这里是反话正说，皇帝不辨忠佞，所以自己被中伤、被诽谤。为什么要陷害他人呢？这样只能使君子的名声愈加彰显。

虽然黄榦官场受挫，但他还是坦然受之，浊者自浊，清者自清，君子的名声不会因此而受损。

然而，黄榦对不思战备、心图侥幸之辈深恶痛绝，后来在《复陈师复守丞》书中指出：“此间世俗，皆以为丙午、辛巳、丙寅敌之犯淮，皆不到此，故士大夫之愚者，亦全不以为意。”但人心不附和，所做的不能建立功业，黄榦以衰病辞。这时，朱熹的小儿子朱在以大理寺正知南康军，扩建了庐山白鹿洞书院，使朱熹初步建成的白鹿洞书院得以完成，规模宏大。黄榦写了《南康军新修白鹿书院记》：“……榦顷从先生游，承观书院之始，后三十有八年，复睹书院之成，既悲往哲之不复见，又喜贤侯之善继其志。”

白鹿洞书院位于江西庐山五老峰南麓，与湖南长沙的岳麓书院、河南商丘的应天书院、河南登封的嵩阳书院，合称为“中国四大书院”。

白鹿洞书院

史料记载，唐贞元年间（785—804），洛阳人李渤与其兄李涉在此隐居读书，李渤养一头白鹿“自娱”，鹿通人性，跟随出入，人称“神鹿”。这里本没有洞，因地势低凹，俯视似洞，称之为“白鹿洞”。后李渤为官江州(今江西省九江市)刺史，为纪念他青年时代在此读过书，广植花木，建亭、台、楼、阁以张其事。

南唐李氏朝廷，在此办“庐山国学”又称“白鹿国学”，与金陵秦淮河畔国子监齐名，学者争相往之。

北宋初年，宋太宗重视书院教育，御赐《九经》等书于书院，因有朝廷重视，书院得以发展。南宋淳熙六年(1179年)，朱熹知南康军(今江西省九江市星子县)，率百官造访书院，当时书院残垣断墙，杂草丛生。朱熹非常惋惜，责令官员修复白鹿洞书院，并自任洞主，制定教规，延聘教师，招收生员，划拨田产，苦心经营。当时著名的哲学家陆象山也来到白鹿洞书院讲过学。朱熹制定的《白鹿洞书院揭示》（又称《白鹿洞书院教规》）影响后世几百年，其办学的模式为后世效仿，传至日本、韩国及东南亚一带，白鹿洞书院誉享海外。

主管冲佑观，弘扬朱子学

主管冲佑观的旨意下达之时，黄榦已先到了庐山拜访李燔、陈宓，相与盘旋玉渊、三峡之间，俯仰拜谒朱熹到过的旧迹，黄榦宣讲乾、坤二卦于白鹿洞书院，强调自强不息。庐山士大夫们集会于此，他写了《南康白鹿洞书院讲义》。周兆兰《白鹿洞书院》记载：“山南北之士群集听焉。”不管在任何时间、任何地方，黄榦都致力于固守师说、弘扬理学，为确定朱熹的道统地位

而不懈努力。他指出："自强者内以进其德，外以修其业，该终日乾坤不息也。"之后，黄榦主管明道宫（即武夷山冲佑观），设局于建阳考亭，重修《仪礼经传通解》续卷，聚徒授业，讲解朱熹"教人之意"及"教人之方"。

嘉定十二年（1219年）四月，黄榦抵达建阳；十月，又回到福州寓所，从此专事讲学，他深居简出，致力于闽学的传播和弘扬。有一首诗《生平》：

生平因寡合，岁晚交更少。
非干世俗薄，自是志量小。

诗的大意说，黄榦素来不容易与人投合，到了晚年交往的人更少了，这不关世态炎凉，只是他的志向和抱负太小了。想来他是自负的，作为朱熹的门生兼爱婿，追随朱熹讲学、编书，为朱子理学的北传奠定了基础，怎么可能是志向抱负太小呢？此诗正话反说，其实要表达的是，因为他自己的志向和抱负太高了，所以曲高和寡，身边没有多少知音了。

这时期，四方学子也会聚于福州，讲解朱熹学说。黄榦继承朱熹讲学的优良传统，因地制宜，因陋就简，创造条件兴学授徒，并在福州乌山法云寺旁边收徒讲课。黄榦云："投老来归，先庐无可栖宿，得法云寺僧寮数间，葺治居之。"可见知府大人告老还乡却居无定所，寄身僧舍。门生弟子也"毕集于法云寓居"，而他置书局于寓舍及城南张氏南园，开始重修《仪礼经传续卷》。此外，黄榦还并购书楼，以建阳"云谷"命名之，以示不忘先师之训。

黄榦为了使学子们学有所成，也以勤奋励之。他与门生订立《同志规约》，以每日各读一经、一子、一史，而以《论语》《周易》《左传》为之首，日记所读多寡，所疑事目，并书于簿，定期集聚，讲明辩难，钻研提高。

黄榦以传播先贤思想为己任，但并没有受束缚而胶柱鼓瑟，不合理的，他极力反对。古代家风中对女子的限制较为严重，如三从四德、男尊女卑。黄榦大胆地反对维护封建社会秩序的等级观念。在他的思想里，没有主奴界限，并强烈反对男尊女卑的传统。他的《戒溺女歌》就是对旧礼教制度的声讨：

儿是爹娘生，儿生爹娘弃。
喜见爹娘面，不识爹娘意。
抛儿在水中，绝儿一口气。
战战盆中泣，哀哀万苦备。
欲生生不得，欲死死犹未。
儿虽非男儿，儿罪何至死。
爹娘莫忧贫，万事由天地。
今年杀小儿，明年恐又是。
不如存好心，心好天自庇。

是年底，黄榦以承议郎主管亳州明道宫致仕。所谓致仕，用今天的话说就是退休。

第六章

自励教人，持恒为贵

倥偬戎马越闽关，感慨当年国事艰。
凭吊宋儒文肃墓，英豪终古扼权奸。

勉斋学派

嘉定十三年（1220年）春，黄榦致仕后回到福州，居住在晋安区寿山乡石牌村。闲暇作诗《游寿山》，由此开启了福州寿山石文化的序曲。诗云：

石为文多招斧凿，寺因野烧转荧煌。

世间荣辱不足较，日暮天寒山路长。

黄榦因美石而感悟世间荣辱交替的道理，这是最早吟咏寿山石的诗作，借物言志，把士人崇“道”的信念和对气节的坚守，以及不因穷达际遇的改变而改变的精神传达出来。这时候，黄榦还在石牌村长箕岭创办了一所高峰书院，专事讲学著述，从学弟子日盛。四川、湖南、安徽、浙江、江西等地的文士都来找他学习。每天晚上，黄榦讲论经典、论说理义，勤勉不倦。

朱熹当年讲学之所武夷、建阳有“闽邦邹鲁”之称，他也被后人尊为“南方孔子”，黄榦因之有朱门“颜曾”之誉。所

朱门颜曾

谓“颜曾”，分别指孔子的弟子颜回与曾参。颜回是以德行著称，品德高尚，学识渊博，被后人尊为七十二贤之首，尊为“复圣”；曾参发展了孔子的孝道，被尊为“宗圣”。

黄榦在继承和弘扬朱熹思想体系的同时，还致力于确立朱熹的道统地位，并创立了“勉斋学派”。

勉斋学派是以黄榦为代表的学派，因黄榦世称勉斋先生，故名。黄榦受业于朱熹，成为朱熹女婿，深得师传，以笃行直道著闻。他注重儒家圣贤道统传授，对周敦颐极为推崇，对其思想有所继承。

政治（主要是军事）上，黄榦主张抗金御敌，既依靠兵，也依靠民；既用民力，更用民心。

在学术思想上，黄榦在坚守师说的同时，以更为通俗易懂的道理来阐发朱熹的思想。比如，他认为：“道之在天下，一体一用而已。体则一本，用则万殊。一本者天命之性，万殊者率性之道。天命之性即大德之敦化，率性之道即小德之川流。唯其大德之敦化，所以语大莫能载；唯其小德之川流，所以语小莫能破。语大莫能载，是万物统体一太极也；语小莫能破，是一物各具一太极也。”这就将朱熹的“理一分殊”的思想，发展成为黄榦的有体有用论，而其大旨，最终又归结到朱熹的“理”——以太极为世界本原的理学思想体系之中。

哲学上，黄榦以“太极”为最高范畴，提出“有太极而阴阳分，有阴阳而五行具，太极二五妙合而人物生”的宇宙生成说，认为“太极”的“静而阴”是“体”，“动而阳”是“用”。他指出人得秀而灵之气而成，“精气凝而为形，魂魄交而为神，五常具而为性，感于物而为情，措诸用而为事”。而“圣人者，又

得其秀之秀而最灵者焉，于是继天立极，而得道统之传，故能参天地，赞化育而统理人伦”。他认为千圣万贤所传之道，是“居敬以立其本，穷理以致其知，克己以灭其私，存诚以致其实”，以此四者存之于心，就可得到圣贤相传的道统。他还用“理一分殊”来说明“道”的体用关系，指出“道之在天下，一体一用而已。体则一本，用则万殊”。宇宙的本体是“道”，而天地万物是“道”的表现，是“道”之“用”，“万物统体一太极”，“一物各具一太极”。但他又认为“体用合一”，“自理而观，体未尝不包乎用”，“自物而言，用未尝不具乎体”。要认识“太极”或“道”，就要通过认识“道”所表现出来的事物来实现，“尊德性，所以存心，而极乎道体之大；道问学，所以致知，而尽乎道体之细”。

黄榦指出，“自性观之，万物只是一样，自道观之，一物各是一样。唯其只是一样，故须穷理致知，而万事万物之理，方始贯通”，论述了理学“理具于心”“性即理”的观点。

在思想上，黄榦调和朱熹的倾向，认为“仁义礼智，特就人心而立者耳。天以是心而成万物，人以是心而成万事”。

黄榦认为道出于天，表现为天地万物和人事的变化，故有道统。道统传授的次序是：尧、舜、禹、汤、文王、武王、周公、孔子、颜子、曾子、子思、孟子、周敦颐、张载、二程、朱熹。黄榦把“传承道统”看成是朱熹的最大成就，在《朱文公行状》中，黄榦详细叙述了恩师不平凡的一生，深入论述了朱熹的学术思想和人品道德，并给朱熹以“绍道统，立人极，为万世宗师”的高度评价。这种“万世宗师”的提法，与孔子被尊为“万世师表”的提法很相似。可以说，孔孟而后，朱熹是一位地位仅次于孔孟的“夫子”。

经过黄榦的提倡和阐发，朱子学成为统治阶级的正统思想。作为朱熹理学的直接继承者，黄榦在捍卫和阐扬理学方面做出了巨大的贡献。黄榦不但继承了朱熹书院讲学的优良传统，而且论定了朱熹的道统地位，并使这种道统地位的观念逐渐从思想界走向政界，为以后的统治者所承认和接受。

黄榦还在后面的《朱文公行状》中，高度概括了朱熹“自筮仕以至属纩五十年间，历事四朝，仕于外者仅考，立于朝者四十日”的一生坎坷的事迹；全面论述了朱熹的学术思想和人品道德，并将朱熹提到中华民族文化代表者的高度。在行状中，黄榦还论述了朱熹“为学”“为道”“著书讲学”的种种活动，为后人留下朱熹幅巾方履、规步矩步、瞑目端坐（即朱熹所提倡的“静坐”）的理学家状貌。所以说，在闽学学者中，黄榦被理所当然地尊为理学继承人，居闽学学派领袖地位长达21年之久。

南宋晚期的重要理学家黄震（1213—1280）评价说：“朱熹门人号高弟者，遍于闽浙和江东，独勉斋先生强毅自立，足任负荷。同门有误解，勉斋一一辨明。”

黄榦在《圣贤道统传授总叙说》一文中，进一步发挥了由唐代韩愈、李翱发明，并经北宋二程，南宋刘子翚、朱熹等所接受并进一步阐发的道统心传说，并由此论定了朱熹的儒家道统地位。韩愈在《原道》一文中认为，中国文化的根本传统是儒家传统。这个传统是尧开其端，后尧传舜，舜传禹，禹传汤、文王、周公，一直到了孔子、孟子，史称“道统论”。

刘子翚（1101—1147）的《圣传论》则认为，这个道统的传承方法是“密契圣心，如相授受”的。而黄榦则将这个道统下延至周、张、二程和朱熹，并说：“道之正统待人而后传，至周以来，任传道之责，得统之正者不过数人，而能使斯道章章较著者，一二人而止耳。由孔子而后，曾子、子思继其微，至孟子而始著。由孟子而后，周、程、张继其绝，至熹而始著。”

道统的观念指的是圣人相传的谱系和儒家正统文化精粹的传承关系，这种传承并不一定是师徒之间的直接传授，也可以是跨越时代的密契心传。

黄榦说：“先师之得其统于二程者，圣贤相传，垂正立教，灿然明白，若天之垂象。昭昭然而不可易也。”把道统的产生和发展，都归结为“天理”的必然。

黄榦还认为，圣人之间的心传，并非不可捉摸，其要旨有四，曰：“居敬以立其本，穷理以致其知，克己以灭其私，存诚以致其实。”以是四者而存诸心，则千圣万贤所以传道而教人者不越乎此矣。

“居敬”是宋代理学家所提倡的道德修养方法，出自《论语·年雍》的“居敬而行简”；“穷理”则是理学家的认识论原则，出自《易·说卦》的“穷理尽性”。朱熹曾说：“学者工夫，唯在居敬、穷理二事。此二事互相发。能穷理，则居敬工夫日益进；能居敬，则穷理工夫日益密。譬如人之两足，左足行，则右足止；右足行，则左足止。又如一物悬空中，右抑则左昂，左抑则右昂，其实只是一事。”在黄榦看来，二者是互相促进的辩证关系。

“克己”也是儒家的修养方法，源于《论语·颜渊》的“克己复礼为仁”，意为以仁德克制自己，使之合于礼义。朱熹在《论语集注》中注云：“克者，胜也。己，谓身之私欲也。”《勉斋文集·朱子行状》云：“克己以灭其私，存诚以致其实。”

“存诚”则源于《孟子·尽心上》中的“存其心，养其性，所以事天”。朱熹认为“心若不存，一身便无所主宰”，“存其心，则能养其性，正其情”。“诚”字是真心实意开诚布公的，“存诚”谓胸怀坦诚。

总而言之，居敬、穷理、克己、存诚是以朱熹为代表的宋代理学家所极力提倡的修养心性和认识外界事物的重要方法。黄榦认为，“以是四者而存诸心，则千圣万贤所以传道而教人者不越乎此”，这就是在宣扬道统论的同时，又进一步阐扬了朱熹的理学思想。

朱子学北传

黄榦的另一贡献是促进了朱子理学的北传。《宋史·黄榦传》载，黄榦在各地讲学，“弟子日盛，巴蜀、江、湖之士皆来”。黄榦的著名弟子有何基、赵师恕、饶鲁、董梦程、蔡念成、叶士龙、熊刚大等等。其中何基与王柏、金履祥、许谦并称“北山四先生”。何基开创了浙江金华“北山学派”。王柏、金履祥、许谦、揭傒斯、方逢辰等著名学者均为这一学派的传人。黄榦任江西临川知县时，何基的父亲为县丞，何基因得以与其兄从黄榦学。“勉斋告以必有真实心地、刻苦工夫而后可。先生（指何基）悚惕受命。于是砥精覃思，平心易气，以俟义理之通”。

清代学者全祖望认为：“勉斋之传，得金华而益昌。说者谓北山（何基）绝似和靖（尹焞），鲁斋（王柏）绝似上蔡（谢良佐），而金文安公（金履祥）尤为明体达用之儒，浙学之中兴也！”

黄榦的另一高弟饶鲁，开创了鄱阳“双峰学派”，程若庸、吴澄、程钜夫、朱公迁、汪克宽、赵孟頫均为这一学派的传人。

清代学者黄百家说：“黄勉斋榦得朱子之正统，其门人一传于金华何北山基，以递传之于王鲁斋柏、金仁山履祥、许白云谦，又于江右传饶双峰鲁，其后遂有吴草庐澄上接朱子之经学，可谓盛矣！”

黄榦高弟董梦程，是他学侣董铢之侄，“字万里，号介轩。鄱阳人，槃涧先生铢之从子也。初学于槃涧与程正思，其后学于勉斋”。董梦程则开创了鄱阳“介轩学派”，胡方平、胡一桂、董鼎、董真卿、马端临等著名学者均为这一学派的传人。

宋代，特别是南宋，理学在福建迅速发展。而黄榦在临川、安庆，尤其是地处宋金边界的汉阳讲学，开创书院，广招弟子，为朱子学的北传创造了条件，也为朱子学逐渐北传播撒下了生生不息的种子。一旦时机成熟，这些“种子”就会生根、发芽，长成参天大树，从而撑起一片理学的绿荫。果不其然，犹如游酢、杨时等人当年促使理学南传一样，黄榦之促使“理学北传”在元代初期全部完成。

黄百家说：“自石晋燕云十六州之割，北方之为异域也久矣。虽有宋诸儒迭出，声教不通。自赵江汉以南冠之囚，吾道入北，而姚枢、窦默、许衡、刘因之徒得闻程朱之学，以广其传，由是北方之学郁起。”赵江汉就是宋末元初的著名理学家赵复，他是荆湖北路德安府人，端平二年（1235年），蒙古军破德安，赵复欲以身殉国，被姚枢所救，礼送至燕京，讲授理学。后赵复在燕京建太极书院，许衡、刘因、郝经等一大批名儒均出于其门下。故后人评价说："当是时，南北不通，程朱之书不及于北，自先生而发之。"

赵复的师从关系一向缺考。《宋元学案》也仅称其为"程学朱学续传"。曾有人认为，赵复是南宋名儒真德秀的门人，但无确切的史料证明，记载真德秀学案的《宋元学案·西山真氏学案》中亦只字未提。可见赵复与真德秀一样，都只能是朱熹的"私淑弟子"。

赵复的崛起，与黄榦当年在湖北传播理学有密不可分的关系。黄榦的讲学地汉阳军，治所在今天的湖北汉阳，赵复所在的德安府，治所原在安陆，宋咸淳（1265—1274）以后曾徙治汉阳。安陆与汉阳两地相隔不远，南宋时曾属同一地区。赵复与黄榦虽然没有直接师承关系，但从他接受程朱理学的思想，到创立自己的学派，均在黄榦当年在此地讲学之后不过20年而言，其学术渊源是很明显的。

无独有偶，元初与赵复齐名的理学家窦默，避兵南逃德安，孝感县令谢献之授之以"伊洛性理之书。先生（指窦默）自以为昔未尝学而学自此始"。窦默为河北肥乡人。南宋时，河北为金国控制，故生活于此的窦默"昔未尝学"程朱"性理之书"，后至黄榦过化之乡德安，方得书而始学，并由此成为理学名家。后元军攻破德安，他也应诏至大名，与姚枢、许衡等传播朱子理学。

赵复、窦默等理学家的相继入仕，成为黄榦之后促使程朱理学北传的后继者，他们与黄榦的另外一批活跃在南方的续传弟子，如吴澄、胡方平、董鼎、金履祥等共同努力，为朱子学成为元朝的统治思想奠定了基础。元皇庆二年（1313年），元廷颁发政令，以朱熹的《周易本义》《诗集传》《四书集注》，建阳蔡沈的《书集传》，崇安胡安国的《春秋传》等书，作为科举考试的法定经本。而这一切，追溯源流，均与黄榦密切相关。因此，研究专家称“黄榦是朱子学盛行于元代全国之桥梁”。

从杨时、游酢拜师二程门下，携河南洛学之火种南传，到黄榦继承朱熹的事业，携福建闽学之良种北播，体现了优秀的中华传统文化源远流长、生生不息的顽强生命力。而黄榦促使理学北传的历史功绩，过去很少提及，罕为人知。

对黄榦在阐扬朱熹学术思想方面的贡献，时人及后人对其均评价颇高。宋代名臣王遂说：“公（指黄榦）游文公之门，为后进领袖。讲说著述，世多传诵。人以为学明东南，文公之功为大，公之力居多。”清代全祖望认为：“嘉定而后，足以光其师传为有体有用之儒者，……勉斋一人而已。”

对于朱子学传播全国，清代理学家张伯行对黄榦作过这样精辟的评述：

> 至考亭朱子、勉斋黄氏，师弟之授受，朋友之讲习，奋然兴起者，如云汉之昭回，如江河之莫御。理学名区，独盛于闽，不惟比拟伊洛，直与并称邹鲁。而程子“道南”之一语，遂符合如左券。噫嘻！闽滨东海，屹立武夷诸名胜，元气融液，人与地会，当吾世复有兴

者。乌知后之视今，不犹今之视昔也。尔诸生景行前哲，能自振拔，以斯道为己任。吾见闽学之盛行，且自南而北，而迄于东西，不局于一方，不限于一时，源远流长，汪洋澎湃。道之所谓流动而充满，弥论布濩，于是乎统贯于载道之人矣。

嘉定十三年（1220年）夏，黄榦的《仪礼经传通解续卷》和《孝经本旨》成书。翌年正月，几经修改的《朱文公行状》终于定稿，他最大的心愿终于完成，他在行状中全面论述了朱熹的学术思想和人品道德。

黄榦得理学之真传，秉承师志，存统卫道。为人“笃行直道”，历官“万民载德”，求知“志坚思苦”，讲学“义理精传”。其流芳遗泽，荫及后昆。是以，累世英才辈出，代代孝友贤良，丹青史册，彪炳千秋。历代进士不胜枚举，其中有宋嘉定元年（1208年）探花黄桂，明宣德广东布政使、浙江布政使黄泽（1385—1471），清嘉庆元年（1796年）武状元黄仁勇（1762—1817），清道光三十年（1850年）同榜二甲进士黄见三、黄荣庚二贤（两人历任知县、知州，政绩卓越，均列入长乐县志“名臣”或“忠烈”传）等；还有民国首任海军总长兼海军总司令黄钟瑛（1868—1912），中国现代著名书画、篆刻家黄葆戉（1880—1969）等诸多名流。正是：

紫阳推朱学，考亭绍真传。
福族坚才盛，儒宗日月长。
播迁兴伟业，开拓图邦强。
海滨存正气，寰宇美名扬。

名垂千古

黄榦继承朱熹理学衣钵，讲学书院，仅福州地区书院就有十几所。此外，他历官州县，讲学不辍，或书院或郡学，成效显著。

福州高峰书院，是历史上颇有名气的黄榦讲学书院之一，与著名的白鹿洞书院、岳麓书院齐名，是嘉定年间（1208—1224）全国学子最向往的书院之一。由于生源不断地增多，书院变得非常拥挤，遂借邻近寺庙作为课堂。朱熹曾在庆元年间（1195—1200）为该寺撰书“华峰”匾额，故名“华峰寺”。后来，华峰寺又改名为“石牌庵”。

历经岁月的磨洗，高峰书院、石牌庵已只存遗址。书院占地面积800多平方米，其左右及后侧被山峰围护，门前石阶路经石牌庵右边通往山谷。

如今，黄榦后裔在石牌庵和高峰书院遗址周边建造围墙，修整有关遗迹，重建华峰寺（石牌庵）及高峰书院，并修建一座跨越溪涧的桥梁，使之直通岭头至林阳寺公路。书院遗址于2005年5月被福建省人民政府公布为省级文物保护单位。

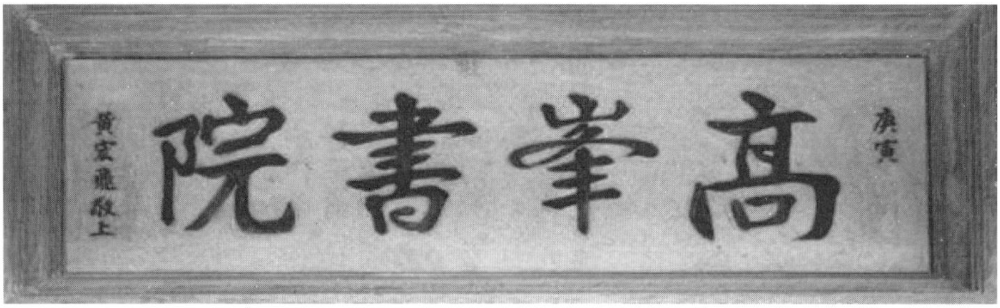

高峰书院

执绋，指的是送葬时帮助牵引灵车，后来泛指送葬；绋为绳索的意思。

衰绖，指丧服。古人丧服胸前当心处缀有长六寸、广四寸的麻布，名衰，因名此衣为衰；围在头上的散麻绳为首绖，缠在腰间的为腰绖。

菅履，指的是草鞋。

黄榦在高峰书院期间，一边讲学一边著书，所著有《周易系辞传解》一卷、《读仪礼经传通解》二十九卷、《孝经本旨》一卷、《论语注语问答通释》十卷、《勉斋先生讲义》一卷、《朱子行状》一卷、《勉斋诗钞》一卷、《黄勉斋先生文集》八卷、《晦庵先生语续录》四十六卷、《勉斋集》四十卷等。

嘉定十四年（1221年）三月的一天上午，黄榦看完书卷，闭目安息在书斋的躺椅上，从此再也没有醒来……

出殡那天，给黄榦送行的除了他的四个儿子黄辂、黄辅、黄輹、黄玘之外，还有他的"门人弟子执绋者二百余人，皆衰绖菅履，引柩三十余里至山间。丧仪如礼，乡人叹息，以为前此未之见"。

黄榦

绍定六年（1233年），黄榦已作古12年，理宗皇帝下诏赠他为"朝奉郎"；端平三年（1236年），赐谥"文肃"。元至正十九年（1359年），福州官府建造勉斋书院，以示纪念。清雍正二年（1724年），黄榦从祀于孔庙，又在府学里建了黄勉斋祠。

由于黄榦生前声名远播，所以历代圣贤名将显宦前往凭吊者很多。陈宓(1171—1226)赞其像曰：“貌之癯有颜之乐，气之刚得轲之养。以身任道，老而益壮。仰止朱门，孰出其上。”诗人刘克庄（1187—1269）在《后村大全集》中有《哭黄直卿寺丞》二首。

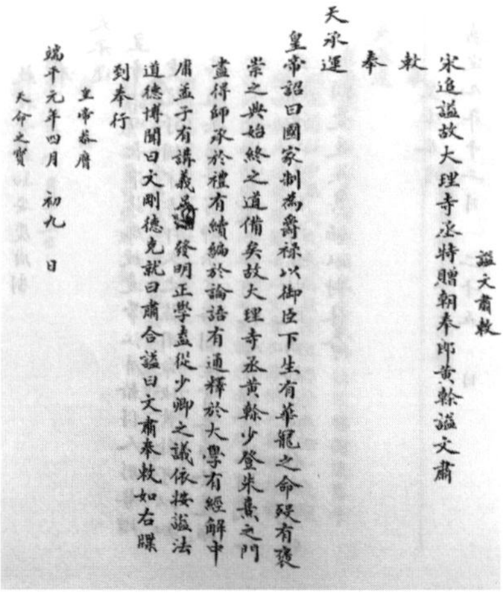
谥文肃敕
宋追谥故大理寺丞特赠朝奉郎黄榦谥文肃
敕
奉
天承運
皇帝詔曰國家制爲爵禄以御臣下生有華寵之命殁有褒
崇之典始終之道備矣故大理寺丞黄榦少登朱熹之門
盡得師承於禮有續編於論語有通釋於大學有經解中
庸孟子有講義[illegible]發明正學盡從少卿之議依按謚法
道德博聞曰文剛德克就曰肅合謚曰文肅奉敕如右牒
到奉行
皇帝恭膺
端平元年四月初九日
天命之寶

《谥文肃敕》

其一

久在文公几杖旁，暮年所得最精详。
贫甘香火辞符竹，病整衣冠坐箦床。
壮士军中悲亮死，先师地下惜回亡。
洗云破寺三间屋，却有门人远赴丧。

其二

当年出塞共临戎，箭满行营戍火红。
督府凯旋先请去，坚城筑就独无功。
身谋彼此皆迂阔，国事中间偶异同。
莫怪些词含哽噎，在时曾赏小诗工。

此外，有明一代，陈鸣鹤《拜黄勉斋墓》诗：

三尺残碑立水田，姓名犹识宋前贤。
松楸有谱传遐胄，苹藻无人荐九泉。
石马嘶风林下卧，野狐吹火雨中燃。
隔林薄暮闻钟鼓，知是林僧礼法筵。

傅汝舟《陪汪郡公谒勉斋墓》诗：

先生坟在庖羲谷，异代虚无草木间。
俎豆自今开时庙，衣冠终古閟空山。
峰高元气长回合，地迥精灵自往还。
浅薄叨陪堂下拜，几瞻遗像愧尘颜。

徐燉诗：

幽坟荆棘里，传是宋名贤。
古柏摧荒冢，丰碑立野田。
西风谁下马，夜月自啼鹃。
冷落清明雨，无人挂纸钱。

谢肇淛诗：

典型犹在望，异代更谁论？
马鬣孤坟在，鸡碑十字存。
野田侵基道，寒烧燎松门。
苹藻何人荐，伤心问九原。

卢龙云诗：

想像遗踪五百年，溪山留胜尚依然。
一时厉禁浑无恙，万古斯文赖有缘。
仰止将兴闽绝学，景行端藉曾多贤。
讲堂况复余光霁，桃李当春已自妍。

最为感人的是，明代抗倭英雄戚继光（1528—1588）带领3000名山东子弟兵入闽歼倭时，戎马倥偬还专程绕道至黄榦墓前凭吊，戚将军还写了一首诗，云：

倥偬戎马越闽关，感慨当年国事艰。
凭吊宋儒文肃墓，英豪终古扼权奸。

黄榦溘然离世，和他相濡以沫了一生的妻子朱兑肝肠寸断，喟然长叹："直卿去了，我的存在还有何意义？"一百二十三日后，时嘉定十四年（1221年）八月朔日，朱兑便在郁闷愁烦中随夫而去，同穴长眠于高峰书院西南侧的长箕岭庖牺谷。

庖牺谷，即在今天的福州市晋安区寿山乡石牌村江南竹自然村，相传上古时伏羲因为看到这清旷幽静的佳境，认定这里正是他梦寐以求的完成演画八卦造福人类夙愿的理想之地，于是到此取象演画八卦，故有"庖牺谷"之称。

石牌村有着十分丰富的文化历史积淀，有建于后唐长兴二年（931年）的瑞峰林阳寺，为福州"五大丛林"之一。该村东连松柏模、西毗粪桶岩之麓、北邻溪下、南接黄土坪。"石牌"村名何处来？明代谢肇淛《游寿山、九峰、芙蓉诸山记》云："过黄勉斋先生墓，十字石碑（注：碑上书刻'宋黄文肃公勉斋先生墓'计十字）圭立水田中。旁有寺名石牌，以先生故得名也。"此外，这里还有一座石牌庵，明《闽都记》载："石牌庵在怀安四都，去府城三十里，与黄勉斋墓道石牌相近，因以名庵，万历初建。"

黄榦夫妇

黄榦墓

黄榦逝世后，历代对其坟墓都进行修缮。据《贤陵园记》碑中载："从宋至清，先后有十一位皇帝书赞，并由朝廷和福建布政司修葺祠墓达三十次。"1919年，黄榦裔孙、民国海军总司令黄钟瑛的胞兄钟沣及良安等人修复其墓。1987年初，黄榦裔孙黄宏珂、黄忠浩等人重修黄榦墓。2003年，黄宏飞等后人对墓园进行扩建，建山门，设碑廊，廊内立有历代名人赞颂黄榦以及黄榦门生祭文等碑刻，周以围墙。山门为石构，四柱三门，门柱楹联，云：

其一

人间祥瑞古灵妙，嘉定陵园长润贤。

其二

比翼天涯归大道，珠玑太极照千秋。

黄榦一生致力于兴学传道。据明代王应山《闽都记》卷十载："勉斋书院在乌石山阳。勉斋有祠，以太平公辅坊废，荐福寺为之，贡师泰记。国朝洪武八年改建左卫，移书院今所。嘉靖间，祠宇倾圮，鞠为蔬圃，豪门瓜分而去。隆庆间建祠，府学、射圃东偏，甚湫隘，莫展祀事。"太平公坊即今三牧坊。勉斋书院到清代已不存在，直到2010年，黄榦后裔黄如论为了纪念其先祖的伟大功绩，在旧址上重建了勉斋书院。

黄榦故里长乐青山村还保留有他的故居（即黄瑀旧宅），据《长乐县志》记载：“黄勉斋祠，本勉斋先生旧宅黄御史（黄瑀）第。清康熙三十年（1691年），乡人为纪念黄榦的功绩，将其旧宅改建为‘黄勉斋特祠’。乾隆二十七年（1762年），知县贺世骏领帑重修。道光二十四年（1844年），黄姓族人鸠资重修，裔孙黄见三、黄荣庚董其事。”

2002年6月6日，经长乐市人民政府批准，“黄勉斋特祠”和青山村另一处古建筑“江夏黄氏祠堂”被列为文物保护单位。

江夏黄氏祠堂始建于南宋，朱熹择地，扩建于明弘治年间（1488—1505），大重修于清光绪十八年（1892年），民国十一年（1922年）缮修前座。祠分前座、中座、后座三进厅结构，总面积1200平方米，高大雄伟、宽敞明亮，体现出明清两代古建筑的风格，文物资料珍贵丰富，是长乐少有的古祠。

勉斋书院

黄榦为传播和推广朱熹理学、确立中国思想界之正统地位立下了汗马功勋。时人对他在阐述朱熹学术思想方面的贡献，评价很高。南宋末参知政事真德秀在《勉斋先生祝文》中说：“唯公之在考亭，犹颜曾之在洙泗。发幽阐微，既有补于学者；继志述事，又有

黄勉斋特祠

功于师门。”清代《四库全书》录有元刊本《勉斋先生黄文肃公集》四十卷，其《闽学渊源》篇录有黄榦事迹。

至元代，金履祥（1232—1303）在《濂洛风雅》中尊周敦颐为理学开山祖师，以周敦颐——二程——杨时——罗从彦——李侗——朱熹——黄榦——何基——王柏为理学传承的正统世系。

明末清初，由黄榦整理编辑的朱子著作，还经传教士漂洋过海，得以在欧洲广为流传，影响深远。

公元1700年左右，一位叫白晋（1656—1730）的法国传教士，送给他的德国朋友莱布尼茨（1646—1716）一件礼物。这是一本朱熹的著作《周易本义》，里面的数张“易图”，引起了这位绰号Lovenix，即什么也不信的人的浓厚兴趣。莱布尼茨发现“伏羲六爻”的排列与二进制记数法的顺序是相同的，他为几千年前中国圣人的创造与自己的发现相一致而高兴，并为自己解开了《周易》之谜而欣喜若狂。钦佩激动之余，莱布尼茨写信给当时的中国皇帝康熙，称赞康熙尊崇儒学、导倡程朱的行为。

在莱布尼茨看来，中国宋儒思想的“理”与基督教的“上帝”简直就是同一个概念，这个“理”超越了智慧，是一种超智慧。通过莱布尼茨的传入，再通过孟德斯鸠、伏尔泰、狄德罗等人的启蒙，朱子理学思想被有机地融入现代文明中，焕发出生机和活力。而在这个过程中，黄榦传扬朱子理学，更显功不可没。

写到最后，得以借用朱熹《观书有感》中的一句诗：“问渠哪得清如许，为有源头活水来。”理学之树常青，历史给予黄榦“朱子学第一传人”的褒奖，这是当之无愧的。

后　记

福建，山海相拥，人杰地灵，人文荟萃，英才辈出，产生了许多伟大的思想家、文学家、教育家、科学家和民族英雄、爱国先驱、革命将士、时代楷模。他们的教育成长、道德品行和思想文章，是福建的宝贵精神财富，教育和激励着一代代福建人努力学习、奋勇前行。福建省社会科学界联合会组织编写的“福建历史文化名人丛书”，以福建历史名人为题材，古今结合，意在从高处着眼、从基础着手，普及人文社会科学知识，促进人文道德养成，使社会科学知识走进大众、走进生活、走进现实，让更多的人了解福建历史名人，弘扬优秀传统文化，增强福建文化影响力和感染力，为建设文化强省添砖加瓦。

“福建历史文化名人丛书”（第二辑）所包含的李贽、宋慈、郑樵、柳永、黄榦、蔡襄、辜鸿铭、林觉民、沈葆桢、陈宝琛10个人物故事，记录了福建文化之于中国历史的影响，同时也以人物史的叙述方式生动地展现出中国人文精神的风骨和传统文化的传承。人物篇以人物生平为线索，在故事中体现传主的学问、事功、道德，凸显他们在中华文明进程中的重要作用，深入挖掘和阐发其内在精神，从而激起读者爱国爱乡的强烈情感，使之成为涵养社会主义核心价值观的重要源泉。

这套丛书以广大群众为读者对象，尤其是各年龄段的学生群体以及受过中等教育的读者，他们对这些历史名人的认知，大多来源于历史课本、乡土教材、文化景点和博物馆，很难形成具体、深入、系统的认识。丛书深入浅出，雅俗共赏，通过一个个生动精彩的故事带领读者走进福建历史，走入人文社会科学的知识殿堂，融故事性、知识性、趣味性、可读性于一体，对提升大众的阅读水平，普及社会科学知识、提高人文社会科学文化素养和思想道德素质有着积极的作用。

福建省社科联党组书记、副主席冯潮华对编撰出版工作提出明确要求，给予大力支持。省社科联党组成员、副主席缪建萍亲自指导本书的策划和编写。省社科联从事社科普及工作的缪旭明、杨文飞、林彤、李培鋗等具体组织实施本丛书的编撰出版工作。

刘小新、林国平、刘传标等专家学者对丛书写作大纲和书稿进行了认真审读，并提出了许多很好的意见和建议，在此表示感谢！

由于编撰出版时间紧，经验和水平有限，疏漏在所难免，敬请广大读者批评指正。

编委会

2017年2月